市民マラソンが
スポーツ文化を変えた

関西大学経済・政治研究所
スポーツ・健康と地域社会研究班

亀井克之・杉本厚夫・西山哲郎・増田明美・尾久裕紀 著

協力
吉田香織・打越忠夫

関西大学出版部

はしがき

　本書は、関西大学経済・政治研究所、スポーツ・健康と地域社会研究班が、これまでに開催した3つのセミナーの内容をまとめたものである。

　本書のテーマである市民マラソンは、2007年2月18日に第1回東京マラソン（完走者2万5102人・完走率96.3%）が開催されたのをきっかけにブームとなった。「全日本マラソンランキング」（アールビーズスポーツ財団調べ）によると、東京マラソン初開催以降の10年間でフルマラソン完走者数は10万3,590人（2006年度）から35万4,072人（2015年年度）へと3倍に増えた。男性の完走者は8万5,981人から28万461人に、女性の完走者は1万7,609人から7万3,611人になった。東京マラソン以降、全国的に都市型フルマラソン大会の新規開催や既存大会のリニューアルが増加した。関西においても、2010年に奈良マラソン、2011年に大阪マラソンと神戸マラソン、2012年に京都マラソンと、新規大会が続々と誕生した。その結果、マラソンが大衆化し、「競技」以外のマラソンのテレビ中継、制限時間の緩和などが定着した。

　では、こうした市民マラソンが社会にもたらしたものは何だろうか。

　これについて、本書では全編にわたり「スポーツ文化」をキーワードに考えていく。各章では、地域振興型マラソン大会（第1章）、都市型マラソン大会（第2章）、マラソン大会のリスク管理（第3章）、マラソンのトレーニングの実際（第4章）、アスリート支援（第4章）、メンタルヘルス（第5章）、レジリエンス（第4章・第5章）など、さまざまな切り口で読者に語りかける。

　第5章には、2016年3月24日に研究班が勢揃いして関西大学東京センターで開催した公開セミナー「スポーツ文化から2020を考える」における研究報告とディスカッションのすべてを採録した。本書がスポーツ文化に関心のある読者の方々に何らかの参考になれば幸いである。

　　2017年2月

　　　　　　　スポーツ・健康と地域社会研究班を代表して　　亀井克之

目　次

はしがき　亀　井　克　之……………………………………………………… i

第1部 「市民マラソンと地域社会」

第1章　地域振興型マラソン大会の可能性……………………………… 3

　　～千葉県・いすみ健康マラソンの事例～

　　　　増　田　明　美

　章末資料　「身近な田舎を走ろう　いすみ健康マラソン

　　　　　　　増田明美杯　点描」………………………………………… 13

第2章　市民マラソンは都市を活性化するか…………………………… 17

　　―大阪マラソン共同調査が語ること―

　　　　杉　本　厚　夫

　　1　はじめに…………………………………………………………… 17

　　2　マラソンブームの歴史的背景…………………………………… 18

　　3　市民マラソン5つの誘因………………………………………… 20

　　4　おわりに…………………………………………………………… 37

第2部 「市民マラソンのすがた」

第3章　リスクマネジメントの視点から見た市民マラソン…………… 41

　　　　亀　井　克　之

　　1　はじめに…………………………………………………………… 41

　　2　リスクマネジメントの基本的な考え方………………………… 41

　　3　マラソン大会におけるリスクマネジメント・安全管理……… 46

　　4　事例：いすみ健康マラソンにおける安全管理………………… 47

5 おわりに 自分流のリスクマネジメントと
　　　　　　安全管理の現場へのリスペクト……………………………… 56
　章末資料①　マラソン大会の安全管理……………………………………… 58
　章末資料②　企業によるアスリート支援　―あんしん財団の場合―…… 62

第4章　市民ランナーの星はいかに誕生したか………………………… 65
　　　新たなアスリート支援の可能性
　　　　　吉田香織・打越忠夫・亀井克之・増田明美
　章末資料①　ランニングイベントの新しいスタイル……………………… 99
　章末資料②　「タバタ」式トレーニング…………………………………… 100

第3部　「ディスカッション」

第5章　「スポーツ文化から2020を考える」…………………… 103
　　　　増田明美・杉本厚夫・西山哲郎・尾久裕紀
　　　　亀井克之・吉田香織
　第1部　研究報告……………………………………………………… 104
　　報告1：「地域振興型マラソン大会の可能性
　　　　　　　―いすみ健康マラソンの事例」…………………………… 106
　　報告2：「市民マラソンは都市を活性化するか
　　　　　　　―大阪マラソン共同調査が語ること」…………………… 126
　　コメント1：「メンタルヘルスの視点から」………………………… 136
　　コメント2：「リスクマネジメントの視点から」…………………… 139
　　第2部　ディスカッション　スポーツ文化から2020年を見直そう……… 143

あとがき　西 山 哲 郎……………………………………………… 175

iii

第1部

市民マラソンと地域社会

第1章　地域振興型マラソン大会の可能性
～千葉県・いすみ健康マラソンの事例～

　　　　　　　　　　　　　　　　　　　　　　増　田　明　美

　ふるさとの千葉県いすみ市でプロデューサーとして市の方々と一緒に開催している「いすみ健康マラソン」についての事例。2008年から開催し、今年で9回目となる。これまでは「ランナー」として応援される側だったが、走る人を支えよう、お招きしようとして運営している大会である。高齢化、過疎化が進むふるさとを元気づけようということで開催しているマラソン大会だ。今、

資料－1

資料-2

　「都市型」のマラソンは全国的に活況だが、これから説明するのは「田園型」である。田んぼの中で開催されるというような大会だ。
　まずは地域特性を説明する。いすみ市は千葉県南部、房総半島東部で九十九里浜の南端。太平洋沿いの場所（資料-1星印）。千葉は東京に近いから都会だと思われがちだが、千葉が都会なのは、東京に近い東京湾に面した内房だけ。東京ディズニーランドや成田空港などがあり国際舞台だが、いすみ市は、農業、漁業が主な産業。しかし、東京からのアクセスは良く、東京駅から特急70分だ。そこでいすみ健康マラソンは、キャッチフレーズが「身近な田舎」。市の人口は約4万人で、65歳以上が約3割と高齢化も進んでいる。また、最近では、移住したい場所ということでテレビで紹介され、いすみ市は「月に10万円以下の田舎暮らしができる」ということで評判にもなった。
　いすみ健康マラソンのコースは資料-2の写真のようなコース。里山の間をぬいながら田んぼのなかを走るようなコースだ。今、マラソン大会は、どんどん新設されている。例えば北陸新幹線の開通をきっかけに11月第1週には「富山マラソン」、第3週には「金沢マラソン」が新設された。そして第2週には「岡山マラソン」も開催。多くのマラソンが誕生しているが、マラソン大会の新設にはいくつかの課題がある。主なものを挙げると次の3点だ。

第 1 章　地域振興型マラソン大会の可能性（増田）

交通規制　……　国道、踏切、商業施設
予算　　　……　自治体の負担
運営　　　……　スタッフの確保

　まずは交通規制。公道の使用は警察の許可が必須だが、いすみの場合は「国道を横切ってはいけない」、「踏切はダメ」と制約は多かった。ショッピングモールの駐車場の出入りなども検討する必要がある。最高の目抜き通りで観光ランニングをやろうとしても、この「規制の問題」というのが大きい。

　また、自治体が主催で行うことが多いマラソン大会は自治体の財政状況次第という面もある。専任の担当者もそうだが、当日の運営の面でも、お金をかけないように警備や交通整理、駐車場などを誘導する係が必要だ。外注に頼り過

JR外房線利用状況
①長者町駅降車実績

	第1回	第2回	第3回	第4回	第5回	第6回	第7回	第8回
上り降車者数	229	93	121	52	47	48	35	37
下り降車者数	667	1,416	993	1,082	1,126	1,243	1,341	1,270
降車者総数	896	1,509	1,114	1,134	1,173	1,291	1,376	1,307
（うち特急利用者数）	(280)	(611)	(253)	(263)	(403)	(436)	(530)	(510)
（うち各駅利用者数）	(616)	(898)	(861)	(871)	(770)	(855)	(846)	(797)

②長者町駅乗車実績

	第1回	第2回	第3回	第4回	第5回	第6回	第7回	第8回
上り乗車者数	490	1,074	979	987	1,135	1,248	1,317	1,176
下り乗車者数	277	117	126	73	60	71	59	94
乗車者総数	767	1,191	1,105	1,060	1,195	1,319	1,376	1,270
（うち特急利用者数）	(107)	(328)	(290)	(337)	(428)	(544)	(521)	(470)
（うち各駅利用者数）	(660)	(863)	(815)	(723)	(767)	(775)	(855)	(800)

資料 - 3

ぎると予算もオーバーするため、市の職員の労働力が欠かせないものになる。

　スタート、ゴール会場となるのは「ふれあい会館」という市民会館を使用している。マラソン大会はメイン会場の選定が重要である。マラソンシーズンは寒い時期が多いので、着替えの場所に配慮しなければならない。またトイレの清潔感、数が十分かという点も大事だ。女性はそのような快適性を大会を選ぶ際に重視する傾向にある。いすみ健康マラソンでは「ふれあい会館」という名前の通り、みんなが交流をしたくなってしまうような素敵な会館を活用している。ホールを開放し暖房もかけて休憩や着替のスペースにしている。女性向けには会館内の交流室（畳敷きで100畳）を更衣室にしている、これが好評を得ている。

　マラソン大会は交通アクセスの良さも重要である。会場はJR東日本の駅から500mほどしかない。しかし、その最寄りの駅には普段は各駅停車しか停まらない。そこでJR東日本に協力を依頼し、上下5本の特急が臨時停車することとなった。加えて「特急いすみマラソン号」という臨時列車も走らせて頂いている。

　課題もある。沿道の応援が少ないことだ。コースが田園地帯なので住民が少ないことに加えて、高齢化が進む町なので、寒くなると特に応援が少ない。ランナーにとって沿道の応援があるかないかは大きな違いになる。そこで「人がいなかったら、人の代わりに"かかし"を並べよう」と、夏のイベントで使ったかかしをコース上に並べたのだ。今、それが大好評で、ランナーの書き込む掲示板などに「かかしが良かった」「来年もかかしに会いに行きます」という人も多く、何が幸いするかわからないものだ。やはり、都市部から癒しを求めて参加するランナーに好評価をもらうための施策を考えることが、ポイントとなる。

　資料-4に示すように、いすみ市内の参加者は横ばいだが、千葉県外、千葉県内（いすみ市除く）の伸び率が大きい。いすみ市内の参加者のうち約700人は土曜日の小中高校生の部の参加なので、市外からの参加者の割合は9割近く

地域別参加者数（単位：人）	2008年 第1回	2010年 第3回	2012年 第5回	2014年 第7回	2015年 第8回
いすみ市内	1,161	1,192	1,126	1,102	1,069
千葉県内（いすみ市除く）	1,640	2,635	3,095	3,165	3,166
千葉県外	349	687	871	900	917
北海道・東北	5	7	18	15	12
関東	330	661	815	830	858
うち東京	185	410	485	472	516
うち神奈川	66	142	201	227	216
北陸・中部	6	15	23	38	35
関西	5	2	9	11	8
中国・四国	2	2	3	2	0
九州・沖縄	1	0	3	4	4
合　　　計	3,150	4,514	5,092	5,167	5,152
男性	2,036	2,954	3,338	3,291	3,312
女性	1,114	1,560	1,754	1,876	1,840
女性比率	35%	35%	34%	36%	36%

資料 - 4

になる。市外からの参加者の伸びを重視し、施策を行ってきた。JR東日本の協力により、東京駅構内に大会ポスターを掲示させて頂けたことが大きい。今後はJRの利用者を増やすためにも、県外からの参加者増加により一層注力することを課題としている。

　お客様をお迎えするという市民の意識も高く、日本最大のランナーの情報・交流サイト「RUNNET」の人気投票で7年連続で、全国ランニング大会100撰に入っている。しかも8回とも25位以内。千葉県で25位以内に入っているのは1つだけである。

　また、参加者の分析で注目されるのは女性参加者の比率の高さである。女性に人気の東京マラソンで約23％になっているのが現状だ。やはり、着替えスペース、トイレなどへの配慮が功を奏していると言えよう。

次に大会の決算について述べる。主な収入は参加費だ。ちなみに千葉県が開催しているアクアラインマラソンは、ハーフの参加料は9500円。いすみ健康マラソンは3800円なので半額以下だ。ハーフマラソンの参加料は5000円前後が主流になっているが、いすみ健康マラソンはかなり格安である。収入から見てみると、参加料と市の補助金、そして協賛金だ。市の補助金は赤字補てんの意味合いが大きい。協賛金は小口で100件。収入の半分が参加費で、市の補助金が3分の1というイメージだ。

　支出面では計測に対する費用が一番大きい。手作りでの大会運営を目指して

【収入の部】　　　　　　　　　　　　　　　　　　　　　　　　　　　　　（単位：円）

項　　目	1 回	2 回	3 回	4 回	5 回	6 回	7 回	8 回
参加費	5,487,000	9,446,500	9,610,500	9,961,500	12,423,500	12,863,620	14,193,382	14,232,100
協賛金	5,000,000	5,500,000	5,800,000	6,500,000	6,500,000	7,500,000	6,500,000	5,500,000
補助金	2,760,000	1,880,000	1,585,000	1,810,000	2,130,000	2,210,000	2,210,000	1,955,200
雑収入	3,029	1,463	79,668	61,259	25,394	81,533	83,228	99,644
繰越金		1,878,211	60,628	23,955	633,677	943,301	711,870	824,254
計	13,250,029	18,706,174	17,135,796	18,356,714	21,712,571	23,598,454	23,698,480	22,611,198

【支出の部】　　　　　　　　　　　　　　　　　　　　　　　　　　　　　（単位：円）

項　　目	1 回	2 回	3 回	4 回	5 回	6 回	7 回	8 回
報償費	2,082,917	6,515,098	5,688,738	5,927,748	7,431,317	7,481,457	7,610,126	7,819,347
旅費	155,300	110,750	164,340	161,760	231,280	139,660	160,748	201,940
需用費	3,172,174	3,662,108	2,636,337	3,188,241	3,278,849	3,570,462	2,987,524	2,828,785
役務費	977,907	1,302,603	1,029,242	986,071	948,750	1,098,464	1,034,596	1,027,998
委託料	3,522,789	5,628,872	5,932,614	5,784,387	8,408,642	9,936,684	10,224,735	9,330,825
使用料及び賃借料	1,115,000	1,291,115	1,660,570	1,674,830	440,045	581,202	810,997	829,528
工事請負費	0	0	0	0	0	0	0	0
原材料費	60,451	0	0	0	0	0	0	0
備品購入費	285,280	135,000		0	30,387	78,655	0	0
利子及び割引料	0	0	0	0	0	0	45,500	21,000
計	11,371,818	18,645,546	17,111,841	17,723,037	20,769,270	22,886,584	22,874,226	22,059,423

資料－5

はいるが、タイム計測や音響、舞台といった部分はプロに委託しなければならない。また本大会ではそれほど高額にはならないが、都市型マラソンなどは警備費が大きなウエイトを占める。アクアラインマラソンの参加費が高くなる理由は高速道路を封鎖する営業補償と、橋梁部の警備に多数の人員を配置しなければいけないためと思われる。

　いすみ健康マラソンの場合、ハーフの3800円の参加費だけであれば、補助金や協賛金なしでもほぼ運営できる。しかし小中高生は体力作りを目的とし、参加費を800円にしているためその部分が大きな赤字となる。タイム計測に参加賞などの費用は大人と同じ位かかってしまうためだ。その赤字を埋めるのが市の補助金と考えている。

いすみ市教育委員会　生涯学習課　社会体育班
マラソン専任担当　2名

市職員	174名	
体育協会等	162名	
消防署員・団員	113名	
国際武道大学	94名	
青少年相談員	40名	
女性の会等	38名	
サーフィン業組合	9名	（AED救護班）
交通安全協会等	14名	
公募ボランティア	111名	
委託業者	58名	
合　　計	813名	（日曜日・一般の部）

　そして、これは運営スタッフについて。5000人規模のマラソン大会を地域で開催する時には、やはり1人もしくは2人は専任の運営スタッフが必要だ。当初より2名の専任担当者が教育委員会の生涯学習課社会体育班にいる。マラソン大会の運営を片手間でやることは大変難しい。1年間ずっとマラソン大会のことを考え、いかに参加者に喜んでもらえるか、どう改善していくかを考え

続ける必要がある。

当日の運営では、市の職員、体育協会、消防署、消防団員など、市民参加型で行っている。特に女性の会の"おばちゃんパワー"がすごい。運営スタッフの大半がボランティアで、委託業者は56名のみ。ここが運営費用削減のポイントとなる。

課題も多いが、この大会を開いた効果としてまず挙げられるのが、いすみ市という名前が、ランナーの間ではずいぶん広まったということだ。合併する前の夷隅郡から10年前に合併してひらがなの「いすみ」になった。いすみ健康マラソンの開催と共に、東京駅などにもポスターが貼られているため、PR効果は大きな成果が上がっている。

次にまだ発展途上である点は、合併した三町の一体化だ。三町を結ぶコースが理想だったが、前述した国道や踏切などの問題で断念。結局理想的なコースが作れず、筆者の出身の岬町だけのコースになってしまった。「三町の一体化」という面では、これからいろいろもっと考えていかなければならない。

元気づくりの面は大きな成果が上がっている。大会当日はお祭りと同じような感じだ。市民みんなが待っている。特に子どもたちの良い舞台になっており、そこでがんばって、「トロフィーをもらいたい、去年はだめだったが今年こそは」と目標とする発表の舞台になっているので、子ども達の元気づくりが出来ている。また、子どもたちの舞台は走るだけではない。場内アナウンスを順番に持ち回りで地元の中学の放送部で行っている。開会式前には太鼓のクラブの演奏で盛り上げる。自分が加われる、関わることができる舞台があるので、全体が元気になっている、元気づくりができていると思われる。「健康づくり」は、子どももそうだが、ウォーキングの部もあり、おじいちゃんおばあちゃんも、ここに参加して、身体はもちろんだが、気持ちの面で健やかな元気づくりにずいぶんと貢献できている。

地域型マラソン大会の一番の効果は「地域のつながり」だと思う。警備を担当する消防団の方々、女性の会の方々、運営に携わる者同士が、年に1回のマ

ラソン大会を通して、つながっていける。沿道の応援も年々工夫を凝らし、市民それぞれが参加している。マラソン大会を開催することで、地域が元気になっている実感がある。

合併後の 「いすみ市」のPR 　　　　　○
旧三町の一体化 　　　　　　　　　　△
体力づくり　健康づくり　元気づくり 　○
地域のつながり 　　　　　　　　　　◎

　　　　地域活性化　　＞　　経済効果

　経済効果はそれほど期待できない。イベントは前日の小中学生の部も含めわずか2日間。その時に、ビールが売れたり、イセエビのお汁が売れたり、少しはあるかもしれないが。経済効果は小さい。それよりも、地域のみんながつながり、地域が元気になるということ。その効果が大きくて、毎年「いすみ健康マラソン」を開いている。

　2007年の東京マラソンがエポックメイキングになり、以降、大都市型マラソンが次々に誕生し、盛況を呈している。予算規模は数億円にもなるが宿泊者数も多く、スポーツツーリズムの代表的イベントだろう。経済効果も十分に期待できる。

　そんな中、地域振興型マラソン大会は今後二極化が進むと思われる。特徴がない大会はランナーが集まらず、自治体の費用負担が重くなり廃止されるものも出てくるだろう。小規模で継続するのであれば地域の健康づくり、子どもの体力づくりに特化する方向転換も必要だ。ランナーの人気を得て、参加者数が安定している大会では、マンネリ化を回避する施策が求められる。集客力の大きな都市型マラソンが増加する中、地域振興型マラソン大会は、より一層の工

夫と住民の参加が成否のカギを握る。この大会報告がその一助となることを
願っている。

※本稿は『セミナー年報2015』77-83頁を関西大学経済・政治研究所の許可を
　得て転載したものである。

第 1 章　地域振興型マラソン大会の可能性（増田）

章末資料　「身近な田舎を走ろう　いすみ健康マラソン　増田明美杯　点描」
　　　　　第 8 回大会（2015 年 12 月 6 日）・第 9 回大会（2016 年 12 月 4 日）より

（写真撮影　亀井克之）

ポスター

この日は特別に特急が停車

いすみん

走る前に伊勢エビのスープ

駅長の出迎え

案山子の応援

案山子の応援

ランナーを見守る小型電気自動車「Qカー」

案山子の応援

ゴールにて

完走者へのお土産

増田明美杯授与

第1章 地域振興型マラソン大会の可能性（増田）

表彰式・第1回大会からゲストランナーを続けている吉田香織選手

ランナーを見送る増田明美さん

最後まで手を振り続ける増田明美さん

駅にランナーを見送りに来られた太田洋・いすみ市長

ランナーを見送るスタッフ

参加賞としてこれだけの物が配られます。

15

第2章　市民マラソンは都市を活性化するか
―大阪マラソン共同調査が語ること―

杉　本　厚　夫

1　はじめに

　現在、全国で開催されている市民マラソン大会は1500を超えると言われている。つまり、毎日4か所で市民マラソンが開催されていることになる。しかも、ほとんどが定員を超す応募があるというから、この現象を市民マラソンブームと言って良い。

　この市民マラソンは大きく二つのタイプに分けられる。それは、増田明美さんが関わっていらっしゃる千葉県の「いすみ健康マラソン」のように、地方の自然豊かな場所を走る「田園型市民マラソン」と、私が関わっている大阪マラソンのような都市を走る「都市型市民マラソン」である。とりわけ、第1回の大阪マラソンは3万人のランナーの定員に17万人の応募があったように、都市型市民マラソンは人気がある。

　そこで、この都市型市民マラソンに焦点を当て、なぜ、このような市民マラソンブームが起きているのか、そして、その現象は都市にどのような効果をもたらすのかといった視点から論じることが本報告の目的である。なお、2011年に始まった大阪マラソンについて、4年間にわたって読売新聞社と関西大学とで共同調査を行ってきており、そのデータの分析結果を中心に述べたいと思う。

本論の展開は、まず日本において市民マラソンに代表されるような市民スポーツが進展してきた経過について簡単に触れ、その後、大阪マラソンの調査結果の分析から、上記の目的を達成したいと考えている。

2　マラソンブームの歴史的背景

(1)　娯楽としての市民スポーツ

　1960年代の市民スポーツは娯楽としてあった。当時、人気を誇ったのはボウリングである。これは日本人が初めて経験する大衆スポーツであり、野球以外に一般の市民が気楽にできるスポーツとして登場してきたのがボウリングであるといえる。中山律子や須田開代子といった女子のプロボウラーが人気を博し、第1次ボウリングブームを作り上げた。

　なぜボウリングがこんなに人気があったのか。それは一つに「都市化」現象がある。この頃に農業人口が2割を切り、高度経済成長に向けて都市に人口が集中し始める。そこで、地方から出てきた人が、新しいコミュニティを形成する必要があった。そのためには人々がコミュニケーションをとり、知り合いになっていく場が必要だったのである。ボウリングは4人1組でプレイをする場合が多く、ストライクには拍手をするなど、自然とコミュニケーションがとれるようになっている。それだけではなくて、後で飲食に行くなども含めてボウリングが人々をつないでいく「社交場」となったのである。しかし、60年代が終わると同時にボウリング場はどんどん潰れていく。高度経済成長に陰りが見えてきたこともあるが、皮肉なことに、プロボウラーによるボウリングがテレビで盛んに放映されるようになり、ボウリングは「するスポーツ」から「観るスポーツ」になってしまったのである。

(2)　健康のための市民スポーツ

　1970年代に入って、国民の関心は「健康」に向かった。この頃の国民生活

白書では、「人生で一番大事なものは何ですか？」という質問に対して、1960
年代の「仕事」に代って「健康」をあげる人が最も多くなった。高度経済成長
が終わって低成長期時代が始まり、人々は生活に対して「不安」抱くようにな
る。第１次オイルショックで石油製品が値上がり、トイレットペーパーをはじ
めとする生活用品が足りなくなり、生活不安が広がる。また、「四日市ぜんそ
く」や「水俣病」といった公害が社会的な問題となり、人々の間に健康に対す
る不安が広がっていく。さらに、自家用車が一家に１台というアメリカ社会へ
の憧憬から車社会が加速度的に進み、そのために人々は運動不足になり、それ
が原因で健康を害するという現象が、ますます健康への関心を高めることにな
る。そこでスポーツによる運動不足解消というキャッチフレーズのもと、人々
を健康のためのスポーツへと誘っていく。スポーツは健康に良いという大義名
分のもと、人々は堂々とスポーツができるようになったのである。

　このような社会的背景のもと健康産業が台頭してきた。「ぶらさがり健康
器」や「ルームランナー」が飛ぶように売れ、「アスレティッククラブ（今の
フィットネスクラブ）」で運動をして汗を流す姿が日常化していく。当時、有
酸素運動が健康に有効であるということから、お金もかからず手軽に出来る運
動として「ジョギング」がブームとなった。ところが、このジョギングブーム
も長くは続かなかった。1970年代に盛んになった健康のためのジョギングは、
1980年代になるとスポーツとしてのマラソンに移行していく。１秒でも速く走
ろう、他の人よりも速く走りたいという競争の欲求が、ジョギングをマラソン
に変えたのである。

　ちなみに、1967年に「円谷幸吉（1964年東京オリンピック男子マラソン銅
メダリスト）さんと走ろう」というイベントで、約180人が青梅街道を走った
「青梅マラソン」が市民マラソンの始まりである。この青梅マラソンは今や２
万人が走る大会となっている。

(3) 市民マラソンの台頭と健康神話の崩壊

　前述したように、ジョギングとマラソンの違いは競争にある。つまり、「昨日はここを1時間で走ったから、今日は1時間を切ろう」と、より速く走るために身体に必要以上の負荷をかけることになる。その結果、身体を酷使し、「オーバーユース」という状態に陥り、スポーツ障害になってしまう。増田明美さんもオーバーユースによる疲労骨折を起こされている。いや、身体的な無理をしないと面白くないのがスポーツである。それは当然の帰結として、健康を害することになる。

　あるいは、都市では CO_2 濃度の高い劣悪な環境の中を走るのであるから、身体の健康に良いとは言えないし、そのことによる疾病も報告されている。さらに、精神的にもストレスが溜まる。例えば「昨日1時間で走ったのに、今日は1時間10分かかった」といったように速く走れないことに対するストレスである。その背景には学校教育がある。一般的には、「より高く、より速く、より強く」というかつてのオリンピックのスローガンのもと、成長型の体育の授業が行われ、より速く走れないことがいけないこととして教育されるものだから、記録が伸びないことに対してストレスを感じるようになるのである。

　いずれにせよ、スポーツすることが健康に結びつくという「健康神話」は崩れ、人々は市民スポーツに新たなスポーツの価値を模索し始めるようになったのである。では、どのような新たなスポーツの価値を見出すことができたのかを大阪マラソンにみてみよう。

3　市民マラソン5つの誘因

　第1回の大阪マラソンに参加したランナーの参加動機について調査してみた（図1）。

　その結果、「普段は走れないところを走れるから」が86％で最も多かった。つまり「非日常」が参加動機になっている。次に「挑戦してみたかったから」

第 2 章　市民マラソンは都市を活性化するか（杉本）

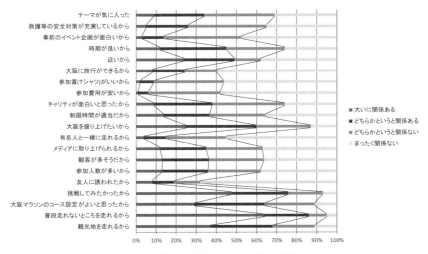

図1　第1回大阪マラソン参加動機

が75％で、普段の生活の中ではあまり味わえない挑戦が参加動機としてあがっている。また「観光地を走れるから」が68％あり、コース設定が大阪の観光地を走るように設定されているので、このような回答になっている。さらに「大阪を盛り上げたいから」が60％あり、ただ走るだけではなくて、自分が大阪マラソンというお祭りの舞台に立って、皆と一緒に盛り上げることが参加動機となっている。

　また、ランナーの大阪マラソンへの参加動機について、その構造を知るために因子分析を行なったところ、6つの因子を見出すことができた。なお、因子の解釈は因子負荷量が0.4以上の項目を対象とした（表1）。

第1因子：イベント企画因子

　「テーマが気に入ったから」「チャリティが面白いと思ったから」「大阪を盛り上げたいから」「事前のイベントの企画が面白いから」と、大阪マラソンにおけるイベントの企画に関する項目があがっており、イベント企画因子ということができる。

表1　第1回大阪マラソン参加動機の因子分析

回転後の成分行列a

	成分					
	1	2	3	4	5	6
挑戦してみたかったから	.068	.148	.230	-.005	.126	.683
大阪マラソンのコース設定がよいと思ったから	.191	.064	.123	.756	.051	.062
普段走れないところを走れるから	.084	.092	.056	.840	-.090	.015
観光地を走れるから	.105	.179	.065	.771	-.266	-.017
友人に誘われたから	.002	.189	.181	-.066	.125	-.723
参加人数が多い（規模が大きい）から	.090	.771	.181	.016	-.019	-.017
観客が多そうだから	.096	.816	.072	.138	-.144	.038
メディア（新聞やテレビ）に取り上げられるから	.103	.836	.061	.080	-.006	.045
有名人と一緒に走れるから	.231	.617	.169	.090	-.052	-.180
思い出や記念になるから	.287	.336	-.083	.219	.222	.052
大阪を盛り上げたいから	.695	.205	-.056	.172	.251	.082
制限時間が適当だから	.137	.129	.570	.105	.119	-.015
チャリティが面白いと思ったから	.699	.056	.258	.075	-.049	.019
参加費用が安いから	.237	.077	.670	-.002	-.245	-.007
参加費（Tシャツ）がいいから	.388	.177	.577	.030	-.185	-.065
大阪に旅行ができるから	.102	.144	.211	.181	-.725	-.015
近いから	.094	-.024	.288	-.102	.795	-.027
時期がよいから	.105	.056	.637	.133	.272	.126
事前のイベントの企画が面白いから	.608	.187	.352	.104	-.049	-.052
救護等の安全対策が充実しているから	.587	.166	.423	.102	-.057	.047
テーマが気に入った	.794	.076	.172	.097	-.055	.015

因子抽出法：主成分分析
回転法：Kaiserの正規化を伴うバリマックス法
a. 9回の反復で回転が収束しました。

第2因子：イベント注目因子

「メディア（新聞やテレビ）に取り上げられるから」「観客が多そうだから」「参加人数が多い（規模が大きい）から」「有名人と一緒に走れるから」と大阪マラソンが社会的にどれだけ注目されているかを示す項目があがっており、イベント注目因子ということができる。

第3因子：参加条件因子

「参加費用が安いから」「時期がよいから」「参加賞（Tシャツ）がいいから」「制限時間が適当だから」と大阪マラソンへの具体的な参加のための条件

を示している項目があがっており、参加条件因子と呼んでいいだろう。

第4因子：コース設定因子

「普段走れないところを走れるから」「観光地を走れるから」「大阪マラソンのコース設定がよいと思ったから」と走るコースの設定に関する項目があがっており、コース設定因子ということができる。

第5因子：アクセス因子

「近いから」「大阪に旅行ができるから（−0.725）」と大阪マラソンへのアクセスについての項目があがっており、アクセス因子といえる。

第6因子：自己実現

「友人に誘われたから（−0.723）」「挑戦してみたかったから」と自主的に挑戦するために参加する項目があがっており、自己実現因子ということができる。

これらから分かることは、ランナーは祭りという大阪マラソンの企画のコンセプトに対して賛同し、それが社会的にどれだけ注目されているかということに誘発され、具体的な参加条件を検討し、普段は走れない観光コースに魅力を感じ、ツーリズムの要素と自己実現の可能性を加味して、参加を決定したということができる。

これらのことから、大阪マラソンが都市の活性化を促すベクトルを5つ設定してみた。1番目は「画一化から多様化へ」、2番目は「日常から非日常へ」、3番目は「観ることからすることへ」、4番目は「することから支えることへ」、5番目は「孤立から一体へ」である。これまでの大阪マラソンのアンケート調査（自由記述を含む）及びフィールド調査によって得られたデータから、それぞれの要素について説明していく。

（1）　画一化から多様化へ

大阪マラソンへの参加の目的を聞いてみると、例えば、3時間を切りたい（サブスリー）といったように、自己記録の更新に挑戦する競争型が最も多い。また、初心者の人は完走したいという目標を持っている。

グループで走る

　一方で、「友達と一緒に走りたい」という人もいる。そのために大阪マラソンではグループ（3～7人）でエントリーできるようになっている。第4回大会は、私のゼミ生がグループエントリーで走ったのだが、そこに感動的なドラマが生まれた。30 kmを過ぎた地点で1人の学生が走れなくなった。そうすると仲間が集まってきて激励し、さらに、観客の人がエアサロンパスを振りかけてくれて、助け合ってゴールした。彼女は友達や観客の人に助けられてゴールしたことに感動し、友達は観客の親切と彼女自身のがんばりに感動した。単に、42.195 kmを完走しただけではなく、それ以上に、日常生活ではあまり味わえない人の思いやりや感動の共有という経験をすることができたのである。

　また、大阪マラソンは「ペア（2人）」のエントリーも受け付けている。夫婦で、恋人同士で、親友でなど様々だが、お互いに助け合って完走する姿は、とても微笑ましいものがあり、ふたりの絆が深まったという感想が多い。

　「仮装して走る」を目的にしている人もいる。大阪マラソンは一部仮装を禁止しているのだが、パリマラソンなどは仮装を奨励している。仮装する目的については後述するが、これも一つの楽しみとなっている。

　「大阪マラソンを還暦記念として走りました」と、「記念」として走る人がいる。あるいは、大阪マラソンを何かの契機としたいという人もいる。「結婚が

第 2 章　市民マラソンは都市を活性化するか（杉本）

仮装して走る

決まっている彼氏に、完走できたら逆プロポーズしようと思って、言葉を考えながらずっと走っていました」。そして「ゴールした瞬間、電話ですが完走と気持ちを伝えることができたので良かったです。とてもいい 1 日でした！」と完走の達成と同時に、告白という目的の達成も同時に味わっている。また、「ゴール後は『完走』『歩かない』という目標をクリアできた達成感よりは、『妥協したい自分』に負けなかった自分への安堵感が強かったです」と生き方を変えるために走っている人もいる。

　42.195 km、それぞれのランナーに、それぞれの走るストーリーがある。これが大阪マラソンあるいは市民マラソンのひとつの特徴だといえる。つまり、多様な目的を持った人々が、マラソン大会というひとつの集団なり社会を形成している。一般的にマラソンは、より速く走るという「画一化」された行動をとるようにシステム化されている。しかし、大阪マラソンは、そこから解き放たれて「多様化」した目的を持った人がひとつの現象を作り上げるという都市生活では稀有な体験ができるともいえる。それを体験することで異文化を受け入れる都市としての活性化が行われるのではないかと考えられる。「国際都市大阪」の実現には、大阪マラソンのように多様な目的が共存し、都市を構築していくことが不可欠ではないだろうか。

25

(2) 日常から非日常へ

　大阪マラソンは、日常では走ることができない御堂筋を走っている。しかも、御堂筋は南行き一方通行なのに北に向かって走っている。日常では車で走っていても、こういう角度から景色を見ることはできない。それは走る人だけに与えられた特権であり、非日常性を象徴するような現象である。さらにそこには、スポーツの原点である遊び的要素が含まれているのである。

　アンケート調査によると「普段走れないところを走れてよかった」と答えた人が97.6％で、ほとんどの人がこの非日常性にとても魅力を感じている。とりわけ経験の少ない人、初めて走る人には大阪マラソンの魅力と映るようである。

　このことは、「近代都市からの逸脱」ということができるのではないだろうか。近代都市では「道路は車が走るところ」と機能的に決められている。ところがその観念を大阪マラソンは覆してしまう。都市型市民マラソンが日常の道路を走るようになったのは、1977年に始まった「ニューヨークシティマラソン」からである。この市民マラソンは、かつてはセントラルパークを走っていた。しかし、これは走ること自体が目的の人にとっては良いかもしれないが、景色も変わらないし、日常とは遮断された場所では、あまり魅力がなかったので参加者も増えなかった。ところがマンハッタンの街を走るようになって参加

御堂筋を北向きに走る

者が急増した。このことによって世界中の都市型市民マラソンは、コース上のすべての道路を封鎖して、日常の道路をマラソンの場として非日常に変えてしまうことになったのである。

　これは、マラソンだけに限ったことではない。「スリー・オン・スリー」という３対３でリングが一つのバスケットボールは、かつてはストリートバスケットボールと呼ばれ、道路をバスケットボール場に変えたのである。また、スケートボードも日常空間を非日常に変えてしまう。かつてオーストリアのウィーンで公園にスケートボード場をつくったのだが、３か月ほどで誰も利用しなくなった。スケートボーダーは、町の道路や手すりといった普段滑ってはいけない所を滑ることにその面白さを感じている。このような逸脱行動が遊びの魅力のひとつでもある。空地だとか路地裏だとか駐車場だとか、遊んではいけない所を遊び場に変えることで、非日常性をつくりだしているのである。

　ブリューゲル作の「子どもの遊戯」という絵画の中には、道路で約90種類の遊びをしている子どもたちが描かれている。つまり前近代では、道路というのは人々が集まったり遊んだりする場所だったのだ。それが今や道路は車が行き交いする場所になってしまった。

　このように、都市型市民マラソンは日常生活における道路を非日常の遊び空間に変容させることによって、われわれの日常生活空間を相対化し、人々にとっての豊かな日常生活空間を再考する機会となっている。

　さらに仮装（コスプレ）が、非日常性を演出する。

　大阪マラソンと言えば「くいだおれ太郎」の仮装をして走っている人が必ずいる。この仮装という行為は、R. カイヨワ（『遊びと人間』多田道太郎・塚崎幹夫訳、講談社学術文庫、1990年）がいう「ミミクリー」と呼ばれる模倣遊びである。つまり「ごっこ」遊びを大阪マラソンで再体験するのである。また、仮装している人同士でコミュニティが出来上がり、仲間づくりにも寄与している。さらに観客から声をかけてもらいやすくなる。観客はゼッケン番号でランナーに声をかけることはなく、「くいだおれ太郎〜！」といったように仮装し

「くいだおれ太郎」の仮装で走る

ているキャラクターの名前を呼ぶ。そのことで、「誰か（someone）」ではなく「自分（me）」に声をかけてもらっていることを認識し、アイデンティティが形成される。つまり観客とのコミュニケーションがとれるという意味で、仮装は重要な意味を持つのである。

　チャリティマラソンとして世界的に有名なロンドンマラソンでは、例えば、チャリティ団体である「命の電話」のチャリティランナーとして走るとき、自分たちのチャリティ団体のアピールをするために電話機の仮装をしたりする。

　以上のことから、大阪マラソンは「日常」から「非日常」へと普段の都市生活から逸脱してみることによって、もう一度、自分たちの住んでいる街を再考し、活性化するための契機となるのではないかと考える。

（3）　観る（Seeing）ことからする（Doing）ことへ

　最近の観光は名所旧跡を観て回るという「観る（Seeing）」から、その場所に行って何かを「する（Doing）」に変わってきたといわれている。例えば、観光地である京都では、舞妓さんになる、あるいは着物姿で京都観光をすれば、お店で割引してもらえるなど、何かDoingによって観光客を呼ぶ工夫をしている。その背景には、旅行客はその土地の文化を体験したいという欲求がある。

名所「大阪市中央公会堂」を観ながら走る

そして、旅行先の人と触れ合いたいというニーズが存在する。

このような状況の中で、大阪マラソンも観光地を走ってめぐるということに魅力を感じて参加している人も多い。

これは東京マラソンでも同じであるが、都市型市民マラソンでは、マラソンと観光を結び付けてコースを設定している。大阪マラソンは、大阪城を出発し、大阪市中央公会堂、通天閣、京セラドーム大阪などの観光地を巡ることができる。

このようにスポーツをするために旅行（観光を含む）することを「スポーツ・ツーリズム」と呼んでいる。日本の観光局が力を入れている政策の一つである。この市民マラソンによるスポーツ・ツーリズムに火をつけたのは1980年代に盛んになったホノルルマラソンである。1995年のホノルルマラソンには、参加者3.4万人の内、日本人が2.1万人とランナーの63％が日本から参加していた。では、大阪マラソンはどうだろうか。2012年の第2回大阪マラソンでは、大阪府民以外が64％で、ホノルルマラソン同様6割以上のランナーが他府県から来ているということになる。しかも、91.0％の人が「大阪の観光地を走れてよかった」と評価している。このように、大阪マラソンは「スポーツ・ツーリズム」として、都市の観光に貢献しているといえる。

地下鉄で移動する観客

パフォーマンスで応援する
「ランナー盛上げ隊」

　ランナーだけではなく、観客にもスポーツ・ツーリズムがある。それは、応援のために旅行することだけではなく、自分の応援するランナーを追いかけて移動するというスポーツ・ツーリズムのことである。これは競技マラソンではあまり見られない。競技マラソンの観客は一瞬にして通り過ぎるランナーを観て楽しむ。だからレースの展開はテレビで見るしかなく、その意味では競技マラソンは典型的な「メディア・スポーツ」といわれる。

　大阪マラソンでは、地下鉄東西線や御堂筋線を乗り継いでいくと、ランナーを追いかけることができる。そのパターンは、大阪城のスタート地点で応援し、中之島の大阪市中央公会堂で応援して難波に行く。そして、最後はインテックス大阪に行きゴールを待つというパターンが最も多い。ちなみに、コースは大阪城公園から難波に来て、御堂筋を北に上がって中央公会堂を回って南下して難波に戻り、今度は京セラドームに行って、また難波に戻ってインテックス大阪に向うと、難波はランナーが3回通ることになっているので応援する人が多い。このように観客が移動することで、スポーツ・ツーリズムが成立しているのである。

　もう1つ特徴は、「ランナー盛上げ隊」という応援のパフォーマンスをする団体である。踊りや演奏といったパフォーマンスをすることでランナーを応援

第 2 章　市民マラソンは都市を活性化するか（杉本）

する。一般的には応援というのは走っている人を観て応援するのだが、逆にラ
ンナーが応援する人を観るのである。つまり、応援が「Doing」で、ランナー
が「Seeing」である。

　そういった意味では「観客」というと一般的に「Seeing（観る）」側と考え
られがちだが、今や「観客」は応援というパフォーマンスを「する（Doing）」
側に変わってきている。この観客がパフォーマンスをするということの先駆け
は阪神タイガースの応援団である。それは例えば、7 回の裏にジェット風船を
飛ばすというパフォーマンスがある。これを始めてから阪神の観客動員数が増
えた。B クラスや最下位と低迷していた時代でも観客動員数は増えていた。さ
らに、それぞれの選手の応援歌やそれに伴うパフォーマンスが人々を競技場に
誘う。「勝ったら観客動員が増える」というけど、それは一次的な現象であり、
神話でしかないことを阪神タイガースの観客は証明してみせた。（杉本厚夫
「スポーツファンの興奮と鎮静」杉本厚夫編『スポーツファンの社会学』世界
思想社、1997 年）

　2002 年のサッカーワールドカップから、日本ではテレビ画面をみんなで見
て応援する「パブリックビューイング」が広がった。一般的には、テレビによ
るスポーツ観戦は一人あるいは数人で見て、競技の展開を楽しむものであった。
あるいは、そのスポーツに興味はあるが、競技場に行けない人のための補助的
なものであった。ところが、応援のパフォーマンスを楽しもうとする人は、そ
のスポーツに興味があるなしに関わらず競技場へと足を運ぶ。この楽しみ方を
手に入れた観客は、みんなでパフォーマンスができるパブリックビューイング
という観戦を選ぶ。そこでは、スポーツを観戦する以上に、みんなと一緒に応
援する身体的なパフォーマンスを楽しむのである。

　大阪マラソンの観客にその目的を聞いてみると、「応援を楽しみたいから」
が 89％で最も多い。誰かを応援するというより、自分で応援を楽しみたい方
が優先する。

　このように、スポーツ・ツーリズムによる新たな都市観光の在り方が、都市

31

を活性化すると同時に、応援のパフォーマンス（Doing）による自己表現が都市へのアイデンティティを高め、大阪マラソンに行けば、自分がそこにいるという存在感を確認することができるのである。

(4)　することから支えることへ

　大阪マラソンには、約1万人のスポーツボランティアが参画して、それは大会運営者の約3000人を大きく上回っている。関西大学も給水ボランティアに学生が参画している。

　第1回大阪マラソンのボランティアの調査では、ボランティアをする前とした後で、意識がどのように変容したのかを調べた。「思い出や記念になるから（なった）」という人が大会前調査の78.9％に比べて大会後調査は95.9％と増加している。これは、実際にボランティをしてみて、スポーツボランティアに感動した人が多いということである。また、「人の世話をすることができるから（できた）」という人が大会前調査の75.5％から大会後調査は92.9％と増加している。これは、ボランティアをしていて、喜んでくれるランナーから実感しているためだと考えられる。さらに、「自分自身を高めることができるから（できた）」では、大会前調査の77.0％から大会後調査は83.3％へと増加しており、ボランティアの意義を感じている。

　自由記述では、「ボランティアに参加できてとても楽しかったです。来年もぜひ参加させてほしいです」とある。これは、ボランティアを「してやっている」という考え方ではなく、ボランティアを「させてもらっている」という本来のボランティアの在り方を示唆する言説となっている。東北の震災ボランティアで、「これをやらせろ」「してやっている」という意識が強い「押し売りボランティア」が多くて、受け入れ側が大変困っているという話を宮城県の知人から聞いた。どうしても、日本ではボランティアが社会奉仕や篤志のように尊い行為として認識されていて、その誤解がこのような現象をつくりだしているようである。もともと、ボランティアとは自ら志願して行うことであるのだ

が、日本では無報酬で行う行為とも思われている。しかし、むしろお金を払ってでもやることがボランティアであるという考え方が英国にはあり、その意味では、大阪マラソンのボランティアは、本来のボランティアの在り方を体験する場となっているようである。

このように、スポーツボランティアが本来のボランティアの在り方を示す背景には、災害ボランティアや福祉ボランティアとは異なった特有の価値観が存在する。

ボランティア元年といわれた1995年の阪神・淡路大震災から、2011年の東日本大震災まで災害ボランティアが中心であった。あるいは日常的には福祉ボランティアが主な活動だった。ところが1998年の長野オリンピックからスポーツボランティアという活動が注目されるようになった。そして、2002年の日韓ワールドカップサッカーで、スポーツボランティアが認知され、広がるようになったのである。

では、なぜ最近これだけスポーツボランティアが盛んになってきたのかというと、次の2点をあげることができる。一つは、「苦しさの共有から楽しさの共有へ」である。災害ボランティアや福祉ボランティアでは、相手の人がもっている苦しみや悲しみを共有しなければボランティアはできない。一方市民マラソンランナーは、自分たちの目標のために走ることを楽しんでいる。だから、スポーツボランティアはその楽しさを共有することからボランティを始めることができる。もう一つは、災害ボランティアや福祉ボランティアでは相手から感謝される。もちろん、スポーツボランティアでもランナーからありがとうと感謝されることはあるが、それ以上に42.195 kmで展開されるランナーのドラマに感動する。自由記述には「すべてに感動した」、「なぜか涙が止まりませんでした」、「逆にパワーをもらいました」などの感動した言葉が多く書かれている。つまり、「感謝から感動へ」がスポーツボランティアの特徴であるといえよう。

支えることに関して言えば、大阪マラソンはチャリティマラソン、いわゆる

寄付先団体を支える寄付行為に賛同した人が走るマラソンである。ランナーは7つのテーマ（各2団体）14団体から寄付したい団体を選んで、2口1000円以上を寄付することになっている。また、チャリティグッズも販売している。第1回大会は1900万円程度しか寄付が集まらなかったのだが、第4回大会からは1億円を超えるようになった。この増額の要因の一つに、寄付先団体を公募したことがある。第1回、第2回大会では、寄付先団体は大会組織委員会で選定して寄付をしていた。そうすると、寄付先団体は寄付をもらうための努力をせず、もらって当然のような状況が生まれた。そこで、第3回大会からは公募制にして、寄付について大阪マラソンでどれだけアピールし、自分たちの活動を伝えていくのかを評価し選定した。そうすることで、それぞれの寄付先団体が熱心に寄付を集める努力をした結果、このような額を達成することができたのである。

　また、各団体への寄付金7万円以上を集めるチャリティランナー制度も第3回大会から導入した。このチャリティランナーの制度の設定についても、一定の成果をみることができた。第4回大阪マラソンのチャリティランナーへの参加動機を調べたところ、「チャリティランナーの趣旨に賛同したから」という一般的な理由が94.1％と最も多い。ところが「7万円を払えば出場権を得られるから」という人が83.3％いる。チャリティランナーというのは、チャリティ（寄付先）団体を代表して自分が7万円以上の寄付を集めてくるランナーのことなのだが、自分で7万円を寄付する人が大半である。それが証拠に、実際に募金活動をしなかった人が45.2％、3人以下が19.1％と3分の2の人がチャリティランナーの趣旨と一致しない行動をとっているということである。また、募金のためのホームページに、チャリティランナーは「この寄付先団体の活動に共感しましたので、寄付します」とメッセージを書いている。つまり、自分が寄付するのであって、寄付先団体のメッセンジャーとして寄付を集めるという立場には立っていないことがうかがえる。チャリティというのは単にお金を集めるということではなく、募金活動を通して寄付先団体の活動を伝え、賛同

を得ることが目的である。したがって、7万円の寄付を集めるにしても、1人の人が7万円を出すよりも、70人の人が1000円ずつ出した方が価値があるということになる。このようなチャリティの意味の理解が、これからのチャリティランナーの課題だといえる。

　大阪マラソンが目標にしているチャリティマラソンのロンドンマラソンは、ほとんどがチャリティランナーで、2014年の大会で過去最高の総額5320万ポンド（約97億4600万円）を集めた。ロンドンマラソンのチャリティランナー制度は、チャリティ団体が大会運営団体から出場枠を約1500団体、1枠300ポンドで買い取り1000～2000ポンドで売り、その差額が募金となる。そこには、英国の階級社会における「高貴な人は弱者を助ける」というノブレス・オブリージュ（高貴な者の責務）の伝統が根付いている。つまり、チャリティ文化が社会に根付いているといえる。実は、大阪という都市もチャリティによって作られてきたものが多い。中央公会堂は寄付によるものだし、多くの橋が寄付によってつくられている。また「タニマチ」という大相撲の世界でのパトロン（寄付者）も大阪の谷町で誕生したのでこう呼ばれる。最近では、大阪ガンバスタジアムの建設費140億の大半を寄付によって集めたという例がある。

　このように大阪マラソンはチャリティマラソンをひとつの特徴として展開していこうとしている。つまり、これまでの交換経済による文化の消費ではなく、贈与経済よってボランティア文化やチャリティ文化を醸成していく方向性を模索するために、大阪マラソンは一石を投じる可能性を秘めているといえる。

（5）　孤立から一体へ

　ゴールした時、ランナーが仲間と抱き合って喜ぶ感動的なシーンはあちこちで見られる。このようにランナー同士の一体感、あるいはランナーと観客との一体感、さらにランナーとボランティア・スタッフとの一体感を得られるのが、大阪マラソンへの大きな誘因となっている。第4回大阪マラソンのランナー調査によると、「走る仲間と一体感を感じることができる」という人が85.9％い

　　　ランナー同士の一体感　　　　　　　ユーモアあふれる応援メッセージ

る。それに加えて「観客の応援が嬉しかった」と98.6％の人が観客の応援に感動し、感謝している。自由記述には、「観客、ランナーとも一体感があり、すごく楽しめた」、「ボランティア、応援の皆さんによって勇気をもらって走った」、「初マラソンでしたが、多くの声援を受け大変励みになりました」、「ボランティアの方々・応援の方々の声援のおかげで完走することができました」、「ハイタッチで力づけられたり、一緒に走っている人も一体感を感じ、最後まで走りきれたと思います」とランナーと観客、ボランティアとの一体感の中で完走できたという感想がとても多い。また、海外ランナーにも「沿道の応援が楽しいと聞いたから」が参加動機になっているひとが92.6％と多い。つまり、観客とのコミュニケーション、さらにそれを超えた一体感を味わえるところに、大阪マラソンの特徴があるといえる。

　一方、観客は「ランナーから元気をもらいたい」を76.7％の人が観戦の理由として挙げている。さらに、ランナーへのメッセージには大阪独特のユーモアに満ちたものが多い。「足が痛い、そんなの気のせいや」「ゴールの後には冷たいビールが待っている」「ここまで頑張ったあんたはえらい！」「ゴールがあなたを待っている。ゴールは逃げへんでぇー」。こういったメッセージに元気づけられた人も多いし、毎年このメッセージを楽しみに見に来る人もいる。これらのメッセージを送る人は、特定の知り合いを応援しているのではなく、すべ

「まいどエイド」の給食で癒やされる　　子どものハイタッチに元気をもらう

てのランナーを応援しているのである。

　また、32キロの地点で「まいどエイド」という大阪の商店街の人が給食しているところも、大阪マラソンの特徴である。そこには、大阪独特のおもてなしと、ランナーとの一体感を求める人々でにぎわっている。

　では、なぜこのような一体感を人々は求めるのだろうか。それは現代の都市生活における孤立感と無関係ではない。今、居酒屋の売りは個室であり、カラオケボックスや相席のないファミリーレストラン、デリバリー、レンタルビデオ、通販など、知らない人と出会う場が都市生活の中で喪失している。利便性を追求するあまり、人々のコミュニケーションが失われ、いつしか孤独な都市生活を強いられるようになったのである。そういう都市の「孤立」から救ってくれ「一体」感を味わえるのも、大阪マラソンの人気のひとつではないだろうか。

4　おわりに

　子どもが手を出してハイタッチを求めている。この子どもとハイタッチをしたくて多くのランナーが寄ってくる。そして、ハイタッチをして笑顔になって元気に走り出す。また、大阪マラソンでは知らない人から声を掛けられる。そ

れも、辛辣ではあるが心温まる声掛けである。今は「知らない人から声を掛けられたら逃げなさい」と子どもたちに教える時代だから、こんなことは日常生活では起きない。そして、それを体験した人が、日常生活でも近所の人に気楽に声をかけられるようになったという事例が語るように、われわれの日常の都市生活を活性化する。

いつもフィニッシュラインで、ゴールしてくるランナーの写真を撮っているが、なぜか涙が出てくる。まったく知らない人がゴールしてくるのだが、「この人は 42.195 km を何を思って、何に向かって走ってきたのだろうか」と考えるだけで、その人への共感と感動が心の底から湧きあがってくる。

市民マラソンが都市を活性化するためには、人々の共感と感動が一つのモチベーションになっていることは否めない。

※本稿は『セミナー年報 2015』85-99 頁を関西大学経済・政治研究所の許可を得て転載したものである。

第2部
市民マラソンのすがた

第３章　リスクマネジメントの視点から見た市民マラソン

亀　井　克　之

1　はじめに

　本章ではリスクマネジメントや安全管理の視点から、市民マラソンについて考える。まず第２節でリスクマネジメントの基本的な考え方を概説する。第３節では、マラソン大会のリスクマネジメント・安全管理の対象となる事項を示す。第４節では事例としていすみ健康マラソンの安全管理について概観する。

2　リスクマネジメントの基本的な考え方

(1)　リスクマネジメントの本質

　リスクマネジメントの考え方を３行で表せば「①個人・組織・社会をとり巻くリスクを特定し、②分析・評価し、③それにどのように対応するかの決断」である。つまり「リスクを発見し、それについて想定し、どのように対応するかを選択・決断すること」となる（「特定→想定→決定」）。

　バーンスタインが『リスク』という書物の中で指摘したように、リスク（risk）という言葉は、イタリア語のリジカーレ risicare に由来する。この言葉は「勇気を持って試みる」「岩山の間を航行する」といった意味を持つ。バーンスタインによれば、リスクは運命というよりは選択を意味している[1]。

こうしたリスク本質論からも、リスクマネジメントでは、選択・決断が重要となる。選択・決断を支えるのが**リスク感性**（気づく力と決断力）である。

(2)　リスクの意味

リスクマネジメント用語に関する国際規格『ISO 73』（2002年版）では、リスクは「事象の発生確率と事象の結果の組み合わせ」と定義されていた。やがて2009年に発表された『ISO73』新版とリスクマネジメントの国際規格『ISO31000』では、「**目的に対する不確かさの影響**」と定義されるようになった。

この変化は、現代社会における環境の変化を反映している。従来からのマイナスの結果を生む事故や災害のリスク（純粋リスク）に加えて、決断によってリスクを負担した結果、プラスの側面につながる場合もあるリスク（投機的リスク、ビジネスリスク）についても対象とする考え方である。

図表3-1　純粋リスクと投機的リスクの考え方

■**純粋リスク（Pure Risk）→リスク・トリートメント（リスクに対応する）**

・Loss Only Risk

・事故・災害

・「守る」「防ぐ」ことにより損失を軽減

・防災・減災、事故防止、保険を活用

■**投機的リスク（Speculative Risk）→リスク・テーキング（リスクをとる）**

・Loss or Gain Risk

・リスク感性を研ぎ澄ませ、リスクをとって戦略を展開しゲイン（利益）を得る

---

(3)　リスクの要素

リスクマネジメントの出発点は、保険や安全管理だった。伝統的なリスクマネジメントの考え方では、リスクは「事故発生の可能性」と理解されており、次の要素を含む。

①ハザード（hazard）：事故発生に影響する状況

②エクスポージャー（exposure）：リスクにさらされる人・物

③リスク（risk）：事故や損失発生の可能性

④ペリル（peril）：偶発的な事故

⑤クライシス（crisis）：危機。事故切迫時の状況または事故直後の状況。

⑥ロス（loss）：損失。

（4） リスクマネジメントと危機管理の考え方

ISO31000はリスクマネジメントを「リスクについて、組織を指揮統制するための調整された活動」と定義している。

リスクマネジメント（RM：Risk Management）と危機管理（CM：Crisis Management）の関係についてのとらえ方はさまざまである。両者の関係を図表3-2に示す。

図表3－2　リスクマネジメントと危機管理の考え方

■事前のリスクマネジメント

・気づく力としての「リスク感性」の発揮

・リスクの洗い出し（リスクの特定・想定）

・災害対策、事故防止、保険加入、資金準備（リスク対応）

・安全管理計画、事業継続計画（ＢＣＰ）

・平常時からリスクを意識し訓練（シミュレーション訓練）

■事故切迫時・事故発生後の危機管理

・非常時における決断力としての「リスク感性」の発揮

・リーダーシップ・決断・コミュニケーション

・レジリエンス（逆境を乗り越える力）

・災害や失敗に学ぶ：教訓を得る。同じミスをしない・計画の見直し

---

(5)　リスク対応（リスク・トリートメント）

　リスク対応には2つの柱があり、4つの手段に分かれる（図表3-3参照）。

図表3-3　リスク対応（リスク・トリートメント）

■リスク対応の2本柱
・リスク・コントロール（事故防止、災害対策）
・リスク・ファイナンス（資金的な準備、保険の活用）
■リスク対応の四つの手段
・回避（避ける）
・除去・軽減（減らす）
・転嫁・移転（他に移す）・共有（分担する）
・保有・受容（受け入れる）

(6)　リスクマネジメントで大切な3つのC

　Communication（共通理解：「どのようなリスクがあるか」「そのリスクにどう対応するか」についての話し合い）、Coordination（調整：リスクに対応するための組織体制の整備）、Choice（選択：リスクにどう対応するかの手段を選択・決断）。

(7)　リスクマネジメントのプロセス
　　―リスク対応について共通理解をするためのプロセス―

　リスクと対応のプロセスは、「リスクの発見」（特定する）→「リスクの分析・評価」（想定する）→「リスク対応」（どの手段を選択するかを決定する）となる（図表3-4参照）

図表3-4　リスクマネジメントのプロセスとキーワード

① 特定：「どのようなリスクがありますか？」

　キーワード「リスクの発見」「リスクの洗い出し」

② 想定：「どのようなことになりますか？」

　→確率・頻度「どれくらいよく発生するのですか？」

　→結果・強度「発生した結果、どのような事態になりますか？」

　キーワード「リスク・アセスメント」「リスクの分析・評価」「リスク・マップ」

③ 決定：「想定されるリスクにどのように対応しますか？」

　キーワード「リスク・トリートメント」「リスク対応」「選択」「決断」

① リスクの発見（特定する）：Risk Identification

ハインリッヒの法則が示すように、「一つの重大な事故の背後には。29の軽微な事故があり、その背景には300の日常的なヒヤリとしたり、ハッとしたりする異常が存在する」。日常的なヒヤリハット事例に遭遇した場合に、大したことはなかったと見過ごすのか、大きな事故につながる可能性があるとして意識するかが、リスクマネジメントの成否を分ける。こうしたことを念頭にリスクの洗い出しを徹底する。

② リスクの分析・評価（想定する）：Risk Assessment

リスクを発見すると、次に想定を行う。実際の事故につながる可能性はどれ位あるのか、事故発生の結果、どの程度の損害がもたらされるかを分析する。

分析結果は、リスクマップなどに図表化して「見える化」する。つまり誰が見てもリスクについて理解できるようにわかりやすく示す。

③ リスク対応（手段の選択・決断、決定する）：Risk Treatment

最後に、リスク対応策を協議する。その際、大きな柱となるのが、事故を未然に防ぐ「リスク・コントロール」と、保険や資金準備を考える「リスク・ファイナンス」で、それらをどのように組み合わせるか選択・決断する。

3 マラソン大会におけるリスクマネジメント・安全管理

　2007年に第1回東京マラソンが開催されたのを契機に、ランニングブームとなった。これに伴い市民ランナーの数は800万人に上り、マラソン大会・ロードレース大会の数は日本陸上競技連盟の公認大会だけでも160を超え、非公認を含めると1600以上に及んでいる。市民マラソンの開催により、ランナーの健康増進につながることはもとより、いすみ健康マラソン（第1章）のように地域の活性化につながったり、大阪マラソン（第2章）のように都市における新たなスポーツ文化の醸成や観光に貢献している例が見られる。

　しかし一方で、ランニングブームにより、市民マラソン大会が増えるということは、それに伴いリスクも増加するという事である。マラソンは過酷な競技であり、レース中のランナーの健康に関わる事故が後を絶たない。2013年のボストン・マラソンのゴール付近で発生した爆発テロのように、運営上の予期せぬ事態も発生する。そこでランナーにとっては、日々の生活の中でのトレーニングから、レース当日までの健康管理がある。運営者にとっては、行政、警察、コース周辺住民など地域社会との調整から始まり、ランナーの安全確保まで、さまざまなリスクマネジメント・安全管理がある[2]。日本陸上競技連盟『マラソン大会・ロードレース運営ガイドライン』は次の留意事項を示している。

図表3-6　マラソン大会　留意事項＝リスクマネジメントの対象

---

1. ランナーの事前準備
　（1）体調管理　（2）栄養指導・水分補給　（3）天候対策
　（4）ジョギング教室の開催等　（5）仮装・電子機器利用の是非
　（6）会場到着の時間厳守・遅れた場合の対応

2. 運営全般
   (1) 大会要項に記載する項目　(2) スタートまでの条件整備
   (3) 大会として提供できるサービス　(4) 緊急時連絡体制
3. コース設定
   (1) スタート・フィニッシュ地点
   (2) 走路全般（・一般市民への交通規制事前通知　・走路の安全確保　・コース
      が交錯する場合、歩行者横断箇所の安全確保　・途中関門での打ち切り時間の
      徹底　・緊急搬送時のルート確保）
   (3) コース整備（①給水、②給食、③トイレ、④ごみ対策）
4. 医事対策
   (1) メディカル委員会の設置　(2) 救命講習会　(3) 救護所　(4) ＡＥＤ
   (5) 緊急搬送体制、救急車要請手順
5. 天候対策
   (1) 暑さ対策　(2) 雨天対策　(3) 悪天候時・自然災害時の一時退避方法
   (4) ランナーへの伝達、誘導方法
6. 競技役員・ボランティア
   (1) 事前準備　(2) 適正人員　(3) 競技役員とボランティアとの役割分担
   (4) 競技役員、ボランティアの募集　(5) 苦情・要望への対応

4　事例：いすみ健康マラソンにおける安全管理

　2008年12月に第1回が開催された「いすみ健康マラソン・増田明美杯」（第
1章参照）は、現在に至るまで継続して高い評価を受けている。RUNNETが
実施しているランナーの投票による「2015年マラソン大会ランキング」では、
総合評価ランキング第6位、大会規模別（3千人〜7千人）ランキング第1位、
種目別（ハーフマラソン）ランキング第1位、種目別（10km）ランキング第
2位だった。また2015年4月にも、ランナーズ編集部・アービーズスポーツ
財団から「2015年全国ランニング大会100選」の認定を受けた。つまり2000
近く存在するマラソン大会の中から日本を代表する100大会の一つに選ばれて

47

いる。

　こうした高い評価は、実行委員会、いすみ市、いすみ警察署、いすみ市教育委員会、いすみ市体育協会、地元の方々の努力、いすみ市出身の増田明美氏の情熱が原動力となっている。何よりも、ランナーは、この大会ならではのきめ細やかな「おもてなしの心」を評価している。日ごろは特急が停車しない長者町の駅で、大会終了後、臨時特急「いすみマラソン号」の座席に座って出発を待つランナーたちは感激する。車両1台1台に増田明美氏が乗り込んで、感謝の挨拶をして下さるのだ。列車が動き出して、車窓から見えるのは、反対側のホームで深々と頭を下げるスタッフの方々の姿だ。

　一方で、この大会を支えているのが、実行委員会による安全管理の努力である。いすみ健康マラソンでは、マラソン大会の通常の安全管理が徹底されている。過去に発生した事案に基づく学習により、年々改良が加えられている。まず大会規約と開催要項に加えて参加者に配布される「申し込み規約」「競技注意事項」を示してリスクコントロール（事故防止）に努めている。また、独自に「補償制度」（見舞金）を設定し、一般的なマラソンに関する保険利用を補完している点にリスクファイナンス（資金準備・保険利用）の特長がある。

　とりわけ重要な事項として、「競技注意事項」の中で、ランナーの健康管理について次の規定がある。

　「競技注意事項5：主催者は、競技中の疾病その他の事故について、応急措置以外は一切の責任を負いません。競技中、体に異常を感じた場合は速やかに競技を中止し、最寄りの競技役員に連絡してください。5km、10km、ハーフマラソンコース上にはAEDを所持した係員を配置しています。」

　いすみ市は海に面していることから、津波の可能性がある。こうしたことも意識して、災害発生については、「競技注意事項」に次の規定がある。

　「競技注意事項12：災害発生時には、大会役員等の指示に従い、避難して下さい。避難場所地図は、受付に備えてあります。」

では、以下の表で、いすみ健康マラソンにおける安全管理を概観してみよう[3]。（以下は2014年9月9日いすみ市役所において実施したインタビュー調査、いすみ市教育委員会・生涯学習課　所一幸氏による資料に基づく）

図表3-7　いすみ健康マラソンにおける安全管理①事故防止対策

1　大会中断・中止決定
　　実行委員会が決定した基準により判断する。

2　最寄駅、バスターミナルからメイン会場
　　係による参加者等交通安全誘導

3　駐車（輪）場
　　委託警備員、係員の車両安全誘導　係による駐車場巡回

4　駐車場からの送迎バス
　　民間委託による安全を確保したバス輸送

5　メイン会場
　　①不審者対策：市職員・市体育協会役員による巡回。所轄警察官による巡回
　　②災害対策：避難路インフォメーション（放送）および避難路マップの配布
　　役員による避難指示　　③施設安全対策：立入禁止看板の設置

6　マラソンコース
　　①大会前日まで、走路（路肩）の塵芥処理
　　②当日、大会事務局および走路観察係による走路チェック
　　③車両全面通行止め（道路使用許可申請）
　　④走路観察係の配置（選手監察および車両誘導）
　　⑤迂回誘導係の配置（車両誘導）

7　保険
　　①マラソン業務：賠償責任保険に加入
　　②出店業務：食品衛生管理保険に加入

8　その他
　　各種関係機構との連携（警察署、消防車、土木事務所、東京電力、NTT ほか）

図表 3-8　いすみ健康マラソンにおける安全管理①事故防止対策

1　保険
　①選手：傷害保険 + 傷病補償（見舞金）
　②役員：傷害保険
　※市、市教育委員会共済により、全国市長会市民総合保険が適用

2　小学生スタート
　①ゼッケン番号順（昨年実績と目標タイムを参照し、速い順にゼッケンを付番）に整列させる。その際、列間を十分にとる。
　②靴ひもチェックや前の選手を押したり横の選手を払いのけたりする行為をしないよう、スタート前に注意する。

3　走行方向
　①スタート後、係員の指示に従い、速やかに左側走行し、折返しは右回りとする。
　②給水所付近での逆走を防止するため、係員とカラーコーンを置く。

4　給水所
すべての給水所において、「水」「スポーツドリンク」を用意する。（脱水症対策）
　①メイン会場：1 箇所
　②5 km：1 箇所　10 km：2 箇所
　③ハーフマラソン 6 箇所（2 箇所にチョコ、バナナ配布）

5　救護所・救護係
　①救護本部：メイン会場
　②救護所：2 箇所（10 km・ハーフマラソン：3.5 km 付近、ハーフマラソン：7.5 km 付近）
　③自転車 AED 隊：ゴール付近、マラソンコース上
　④小型電気自動車隊（Q カー隊）：マラソンコース上
　⑤救護車：3 台

6　救護備品
　熱中症、脱水症対策：経口補水液、スポーツドリンクの充実
　低体温対策：速やかな搬送、毛布・タオルの提供

7　救護スタッフ（2015 年大会）
　総勢 87 名（初日 13 名、2 日目 74 名）

①医師 1 名、看護師 3 名

②市職員 13 名（保健師 9 名、一般職員 4 名）

③国際武道大学トレーナーチーム 41 名

④広域消防署員 20 名

⑤ Q カー隊 9 人

8　救護ミーテイング

①全体会議：3 回実施

②グループごと会議：3 回実施

図表 3-9　いすみ市合併 10 周年記念第 8 回いすみ健康マラソン（増田明美杯）2015 年 12 月 6 日申込規約

1. 自己都合による申込後の種目変更、キャンセルはできません。また、過剰入金・重複入金の返金はいたしません。

2. 地震・風水害・降雪・事件・事故・感染症のまん延等による開催縮小・中止の場合であっても参加費の返金は一切行いません。

3. 私は、心疾患・疾病等なく、健康に留意し、十分なトレーニングをして大会に挑みます。
　傷病、事故、紛失等に対し、事故の責任において大会に参加します。

4. 私は、大会開催中に主催者より競技続行に支障があると判断された場合、主催者の競技中止の指示に直ちに従います。また、その他、主催者の安全管理・大会運営上の指示に従います。

5. 私は、大会開催中に傷病が発生した場合、応急手当を受けることに異議ありません。その方法、経過等について、主催者の責任を問いません。

6. 私は、大会開催中の事故、紛失、傷病等に関し、主催者の責任を免除し、損害賠償等の請求を行いません。

7. 大会開催中の事故・傷病への補償は大会側が別途定める規程に則り、加入した保険の範囲内であることを了承します。

8. 私の家族・親族、保護者（参加者が未成年の場合）、またはチームメンバー（代表者エントリーの場合）は、本大会への参加を承諾しています。

9. 年齢・性別等の虚偽申告、申込者本人以外の出場（代理出走）はいたしません。それらが発覚した場合、出場・表彰の取り消し、次回以降の資格はく奪等、主催者の決定に従います。また、主催者が虚偽申告・代理出走者に対する救護・返金等一切の責任をおわないことを了承します。

10. 大会の映像・写真・記事・記録等（において氏名・年齢・性別・記録・肖像等の個人情報）が新聞・テレビ・雑誌・インターネット・パンフレット等に報道・掲載・利用されることを承諾します。また、その掲載権・使用権は主催者に属します。

11. 大会申込者の個人情報の取り扱いについて、主催者は、個人情報の重要性を認識し、個人情報の保護に関する法律及び関連法令等を厳守し、主催者の個人情報保護方針に基づき、個人情報を取り扱います。大会参加者へのサービス向上を目的とし、参加案内、記録通知、関連情報の通知、次回大会の案内、大会協賛・協力・関係各団体からのサービスの提供、記録発表（ランキング等）に利用いたします。また、主催者もしくは委託先からの申込内容に関する確認連絡をさせていただくことがあります。

12. 上記の申込規約の他、主催者が別途定める大会規約に則ります。（齟齬がある場合は大会規約を優先します）

第3章 リスクマネジメントの視点から見た市民マラソン（亀井）

図表3-10 第8回いすみ健康マラソン（増田明美杯） 傷病補償規程（＊見舞金）

第一章 総 則

（目的）

第1条 この規程は、第8回いすみ健康マラソン（増田明美杯）（以下「大会」とする）

　　　開催中の選手が（自宅から大会会場までの行き帰りの途中を含む以下同じ）が傷害（怪我）または疾病（病気）をした場合の補償について定める。

（補償の範囲）

第2条 選手が大会参加中に傷害や疾病した場合、いすみ健康マラソン実行委員会（以下「実行委員会」とする）は当実行委員会を契約者とする普通傷害保険契約により第二章　に定める補償を行う。

第二章 傷病補償

（死亡補償）

第3条 選手が大会参加中に傷害し、怪我の日から180日以内に死亡した場合は、別表　の金額を限度とし死亡補償として支給する。

（後遺障害補償）

第4条 選手が大会参加中に傷害し、怪我の日から180日以内に後遺障害が生じた場合は、障害の程度に応じて別表の金額を限度とし後遺障害補償として支給する。

（入院補償）

第5条 選手が大会参加中に傷害し、怪我の日から180日以内に入院もしくは入院に準じた自宅療養で、平常の生活や業務ができず医師の治療を受けた場合は、別表の金額を限度とし入院補償として支給する。

（通院補償）

第6条 選手が大会参加中に傷害し、怪我の日から180日以内において通院（往診を含む）し、医師の治療を受け平常の生活や業務に支障があると認められる場合には、別表の金額を限度とし通院補償として支給する。

（疾病補償）

第7条 選手が大会参加中に次の各号に掲げる特定疾病により、医師の診断を受けた場合には、別表の金額を限度とし疾病補償（見舞金）として支給する。

　（1）急性虚血性心疾患（いわゆる心筋梗塞）、急性心不全等の急性疾患

（2）くも膜下出血、脳内出血等の急性脳疾患

（3）日射病および熱射病等の熱中症

（4）低体温

（5）脱水症

2　前項の規定にかかわらず、選手が大会の直前12ヶ月以内に前項各号の疾病と医学的に因果関係のある疾病について、医師の治療を受け、または治療のために医師の処方に基づく服薬をしていた場合は、補償の対象外とする。

（保険契約）

第8条　実行委員会は、各条に定める補償を行うために、損害保険会社との間で、実行委員会を保険金受取人とする保険契約を締結し、その保険料を負担するものとする。

（補償の制限）

第9条　次の各号に掲げる事由により生じた事項については補償しない。また、原因のいかんを問わず、他覚症状のないむち打ち症および腰痛に関しては補償を行わない。

（1）本大会以外の事故

（2）選手および補償金を受け取るべき者の故意または重大な過失

（3）自殺行為、犯罪行為、闘争行為、酒酔行為

（4）脳疾患、疾病（第7条を除く）または心神喪失

（5）地震、風水害、降雪、事件、事故、感染症のまん延

2　第3条、第4条、第5条、第6条、第7条および前項の適用については前条に定める

　　保険契約の保険約款および付帯される特約条項の規定および保険契約を締結した保険会社の認定に従うものとする。

（傷病の届出）

第10条　傷病した選手および補償金を受取るべき者が、本章の補償を受けようとする場合には、実行委員会事務局を通じて事故の発生後すみやかに事故の内容、傷病の程度等について書面にて実行委員会に届け出るものとする。

（補償金の請求手続き）

第11条　傷病した選手は、実行委員会が第8条の保険契約を締結した保険会社に保険金を請求するにあたり、書類の作成、提出および損害保険会社の調査等につき、誠意を持って協力を行うものとする。

(本規程の準拠)

第12条　本規程は、契約保険会社の保険約款および特約条項の規定に準拠する。

(施行日)

第13条　本規定は、平成25年7月8日より実地する。

[別表]

内容	種別	補償金額等
死亡のとき	死亡補償	200万円
後遺障害のとき	後遺障害補償	その程度により6万円〜200万円
入院のとき	入院補償	1入院1日につき3,000円(最大90日)
通院のとき	通院補償	1入院1日につき3,000円(最大90日)
見舞金	疾病補償	死亡、後遺障害5万円 その他1万円

図表 3-13 いすみ市合併 10 周年記念
第 8 回いすみ健康マラソン（増田明美杯）大会中断・中止決定について

---

1. 中断の基準
   (1) 気象庁から注意報が発令され、中断が望ましいと判断した場合。
   (2) 自然現象、事件、事故等により中断が望ましいと判断した場合。
   (3) その他、中断が望ましいと判断した場合。
2. 中止の基準
   (1) 気象庁から警報が発令され、実施（継続）が難しいと判断した場合。
   (2) 大会中断後、おおむね 30 分を経過しても改善する見込みのない場合。
   (3) 大会前および当日の自然現象により市内において災害発生し、実施（継続）
       が難しいと判断した場合。
   (4) 大会前および当日の事件、事故、感染症のまん延により実施（継続）が難し
       いと判断した場合。
3. 中断および中止の判断
   (1) 大会会長は、審判長、大会本部長および関係機関の助言を聞き、大会の中断
       および中止を決定する。
   (2) 審判長および大会本部長は係員の意見を総括し大会会長へ助言する。
   (3) 大会会長が不在の場合、大会委員長がその判断を代行する。

5　おわりに　自分流のリスクマネジメントと安全管理の現場へのリスペクト

　本章では、リスクマネジメントの視点から市民マラソンを考えてみた。その
際、軸となるのは、2 つの考え方であろう。
　一つ目は「自分流のリスクマネジメント」という視点である。市民ランナー
や市民マラソンを運営する組織がリスクマネジメントを行う際、個人や組織に
はそれぞれ個性があり、それぞれ事情が異なる。したがって、信頼できる情報
や考え方を参考にしながら、自分や組織に合ったリスクマネジメントや安全管
理を設計し、自信を持って実践すればよいと考える。

現実的に、リスクがまったくない、リスク・ゼロという状況はありえない。市民マラソンを考える場合も、市民ランナーに怪我のリスクはつきものだし、運営組織が万全を期していてもトラブルのリスクは発生する。しかし、リスクがあるからこそ、ランナーも主催者も、それを乗り越えようとして努力する。その結果、個人記録も運営も進歩し向上していくのではないだろうか。

　二つ目は「ソーシャル・リスクマネジメント」の視点である。巨大自然災害のように社会全体に影響を及ぼすようなリスクをソーシャル・リスクと言う。その対処には家庭・地域社会・企業・行政などの連携、つまりソーシャル・リスクマネジメント（社会的な連携によるリスク対応）が必要となる。

　東京マラソンを契機としてランニングブームとなった。市民マラソンは一つの社会現象となった感がある。社会現象となった市民マラソン大会をめぐるリスクもソーシャル・リスクであり連携が重要である。つまり、市民ランナーが目先のタイム向上を追って、主催者が目先の効率性を優先して、「自分さえ早ければ」「主催する大会だけがうまくいけば」という考え方ではなく、市民マラソン大会を取り巻く地域社会、行政、企業、学校、家庭などと手を取り合うような姿勢が大切となる。そういう意味でも、安全管理を練り上げて実践しておられる担当者の方々、警備を担当して下さる方々、給水など各種ボランティアの方々、沿道で応援して下さる方々など、現場で支えて下さっているすべての人たちへのリスペクトが重要であろう。

注記

1）ピーター・バーンスタイン、青山護訳『リスク：神々への反逆』日本経済新聞社、1998 年、p.23.
2）『マラソン大会・ロードレース運営ガイドライン』公益財団法人日本陸上競技連盟、2013 年 4 月 1 日　http://www.jaaf.or.jp/rikuren/pdf/road.pdf
3）いすみ健康マラソンについては、大会パンフレット、大会時配布資料のほか、2014 年 9 月 9 日いすみ市役所において実施したインタビュー調査、いすみ市教育委員会・生涯学習課　所一幸氏による資料に基づいている。

章末資料①　マラソン大会の安全管理
◇救護体制

　3万人のランナーが走る大阪マラソンの救護体制は、①安全なマラソン大会環境の整備、②事故の未然防止および被害拡大の防止、③ランナー等へのトリアージの実施、応急処置の提供を基本に構築される。2011年の第1回大会から、大阪府医師会では大阪臨床整形外科医会の協力の下、整形外科医50名、日本医師会認定健康スポーツ医20名を医療・救護スタッフとして派遣している。2016年の第6回大会では、救急搬送件数13件、救護所利用件数1,410件で、重篤なケースはなかった。早朝から勤務にあたる大会スタッフの健康管理にも留意する必要性も認識されている。(『大阪府医師会報』平成29年1月号より)

◇ランナーの健康管理

アースランクラブ主催　第4回　柏の葉爽快マラソン　2016年5月3日（火・祝）
千葉県立　柏の葉公園総合競技場より（写真撮影　亀井克之）

受付前の「誓約書・健康アンケート」記入提出

主催したアースランクラブ担当者からの入念な注意

暑さ対策の水を含んだスポンジ

通常の給水に加えてランナー独自のドリンク置場

第3章　リスクマネジメントの視点から見た市民マラソン（亀井）

アースランクラブによる安全管理の徹底
「安全管理で心がけている緊急時の3・5・7体制。
　　緊急事態が発生したら
　　　3分で通報（第1報の収集）
　　　5分で直行（安全委員または医療担当）
　　　7分でファーストエイド（AEDと救急車への通報）
　　3・5・7体制から逆算して給水所とスタッフを配置。
　　なによりも、コースを何度か走って走りやすいコースを設定することが大切。
　　主催者自身が参加者として走るイメージで設定している。」
（アースランクラブ／イベント情報センター・NPO法人日本アウトフィットネス協会提供情報より）

◇テロ対策
第10回　東京マラソン　2016年2月28日（日）より　（写真撮影・亀井克之）

　「人の集まる「ソフトターゲット」を狙った2015年11月のパリ同時多発テロなどを受け、警視庁と東京マラソン財団は1万人を超える過去最大規模の態勢で厳重に警備をする。前日の2月27日は、警視庁のレスキュー隊員や警備犬が、スタート地点の都庁前などで不審物がないか探索した。

ナンバーカード（ゼッケン）確認・セキュリティ検査

飲料物の持ち込み禁止・ペットボトル回収

59

スタートエリア及びコース上への持ち込み制限の徹底

スタートエリアに入場する際のゲートにおける手荷物検査

スタートエリアに入場する際のゲートにおける持ち物検査

『東京マラソン2016における重要なお知らせ』

　警視庁はテロ抑止のために「見せる警備」を強化。民間企業の最新技術を導入して警戒。前回初出動したランニングポリスは64人から90人に増員。緊急事態や病人の救護に当たる。金属探知機も増やし、手荷物検査などを強化する。
　大会を妨害する小型無人機ドローンが現れた場合に備え、空中で捕獲する「迎撃ドローン」を初めて運用。警視庁の専門部隊「インターセプター・ドローン・チーム（IDT）」が複数個所で待機する。フィニッシュ地点の東京ビッグサイトでは、カメラを搭載した民間企業のドローンや飛行船が、上空から地上の様子をチェック。警察官が立ち乗り式の電動二輪車「セグウェイ」などで巡回する」（大会当日の『東京新聞』2016年2月28日朝刊より）

◇地震対策

『東京マラソン2016 参加のご案内』に記された「大規模地震発生に備えて」の注意事項と「ランナー退避場所／都立一時滞在施設 MAP」

□大きな揺れを感じたときは：
　東京都内において震度5以上の地震が発生した際は、大会主催者の判断によりマラソン大会は中止。大きな揺れを感じた場合は、またはコース上の大会スタッフよりアナウンスがあった場合は、周囲の状況を見ながら無理をせず走行を中止。

□走行中止後の待機場所：
・走行中止後は、コース上の大会スタッフの指示に従い行動。
・大会スタッフの指示があるまでは、原則、その場で待機。
・コース上は緊急車両が通行することがあるので、脇によけ、コース中央付近には留まらないように。

□ケガをした場合、ケガ人を発見した場合：
　すぐに付近の大会スタッフに連絡

□レース中の持ち物：
　できる限り、「帰宅時の連絡手段」としてスマートフォンまたは携帯電話、「帰宅時の交通手段」として交通系ICカードを携帯してレースに参加する。

□心の備えのために：
　大会参加にあたって「東京都防災ホームページ」を事前に見ることを推奨。

□いざという時の避難について：
　避難が必要な場合、大会スタッフが所在地（走行地点）に応じて定められたランナー退避場所に案内する。

□帰宅困難者：

　ランナー退避場所からの帰宅が困難な場合には、都立一時滞在施設等がある。①東京都庁（新宿区西新宿）、②東京国際フォーラム（千代田区丸の内）、③東京都江戸東京博物館（墨田区横綱）、④東京都現代美術館（江東区三好）、⑤有明テニスの森公園テニス施設（江東区有明）、⑥東京ビッグサイト（江東区有明）。

（『東京マラソン 2016　参加のご案内』16～17 頁より）

章末資料②　企業によるアスリート支援　—あんしん財団の場合—

1. あんしん財団による「アスナビ」を活用したパラリンピック選手の採用の事例

　日本オリンピック協会（JOC）は 2010 年にアスリートの就職支援活動「アスナビ」を立ち上げた。「一般財団法人 あんしん財団」（山岡徹郎理事長）は、中小企業に傷害保険を中心とする保険商品・サービスを提供している。あんしん財団は、かねてから CSR（企業の社会的責任）の一環としてスポーツに関連した社会貢献を考えていた。その結果，「アスナビ」を活用して、パラローイングの有吉利枝選手を採用することを決定した。同選手は 2016 年 7 月 21 日付で「あんしん財団」に入社した。

　期待に応え有吉選手は 2016 年 9 月に開催されたリオ・パラリンピックに出場した。現在は 2020 年の東京パラリンピックに向けて練習に励む日々だ。

2. その他の企業によるアスリート支援例

2.1.　日本航空（JAL）による「JAL ネクストアスリート・マイル」：乗客からマイルの寄付を募り、日本航空も同額分を加算して競技団体に贈る。日本ライフル射撃協会は、これまで合計 60 万円分のマイルを受け取りアスリートの渡航費用や弾丸の購入にあてることができた。

2.2.　コカ・コーラグループによるアスリート支援型の自動販売機：アスリート支援型の自動販売機でドリンクを購入すると 1 本当たり数円から 10 円を日本コカ・コーラが日本オリンピック協会（JOC）を通じて育成・強化向けに競技団体に寄付する。アスリート支援に貢献する形で CSR 活動となる上に、国内に 250 万台と飽和状態にある自動販売機に新たな魅力を付け加えた。

2.3. VISA によるポイント寄付制度：VISA のクレジットカードを発行する国内
150 社のポイントを、それぞれ設定された換算レートで現金化して寄付する。
カード会社のサイトを通じて簡単に手続きできる。2016 年 8 月までに 233 万円
余りが JOC を通じて夏季競技の国内団体に寄付された。(『日本経済新聞』2016
年 12 月 8 日より)

第4章 市民ランナーの星はいかに誕生したか
新たなアスリート支援の可能性

吉田香織・打越忠夫・亀井克之・増田明美

関西大学経済・政治研究所　第217回産業セミナー

「リオ2016から東京2020へ　スポーツ文化の視点から2020を考える」
日時：2016年10月5日（水）　14：00〜17：00
会場：関西大学千里山キャンパス　尚文館

第2部
「市民ランナーの星はいかに誕生したか―2020に向けたアスリート支援＆2020以降のアスリート支援の提案―」
吉田香織（マラソンランナー）
打越忠夫（マラソン指導者）
亀井克之（スポーツ・健康と地域社会研究班主幹　社会安全学部教授）
増田明美（スポーツ・健康と地域社会研究班委嘱研究員　大阪芸術大学教授）

亀井克之：まず増田さんからお二人のご紹介をお願いします。

増田明美：ご紹介します。打越さんです。こちらの男性です。選手としても素

晴らしかったのです。1993年にシュツットガルトで開催された世界選手権で男子マラソン5位に入賞。男子マラソンはあれだけ層が厚くアフリカ勢がいる中で5位はすごかったですね、打越さん[1]。

打越忠夫：ありがとうございます。先ほど「すごい」というお言葉を頂きましたが、当時男子ランナーで2時間10分を切る選手がいない状況で、日本人3名のトップで2時間10分、あと11分、そして私が13分台で代表の権利をもらいました。何がすごいかは私自身からは言えませんが、すべての条件が整えられて5位という結果を出すことができました。私自身はその大会で5位であっただけで、世界で5位という自己評価はあまりしていません。

増田明美：そうなのですか。何はともあれ、イケメンですから。今はおじさんになってしまいましたが、1993年はまだピンピンしていたからかっこよくて、テレビなども結構狙っていました。テレビは、女性もそうだけれどもきれいな顔の人は長く映っているではないですか。私などは1秒でしたけれど。指導者としての最初はJR東日本でしたね？

打越忠夫：はい。指導者としてはJR東日本が最初の指導歴となります。

第4章　市民ランナーの星はいかに誕生したか（吉田・打越・亀井・増田）

増田明美：そこでは、今活躍している藤原新さんなどが打越さんのことを一番慕っている人でした。そこで指導されました。やはりさすがだと思ったのは、私の妹のような吉田香織さんが、頭も良くて力もあるのだけれども、なかなかそれが結果に繋がらなかったのです。小出義雄さんのところにもいました。いろいろ指導者を変えました。そして、打越さんに指導を受けるようになり、すぐに結果が出ました。みなさんが見ている去年のさいたま国際女子マラソンで日本人トップという結果を出し、今は**市民ランナーの星**というか、市民ランナーを大事にしながら活動をしているのです。

吉田香織：そうです。私の通っていた高校は埼玉県立川越女子高校というところで、決して陸上や部活動の盛んな学校ではありませんでした。そこで一人でずっと競技していたということもあり、大学進学を諦め、「本当に自分がやりたいのは走ることだ」と決めて、両親は大反対だったのですが、実業団の道に進みました。実業団では積水化学の小出監督の元で走り、その後資生堂に移籍しました。8年間実業団で走っていました。それまでは駅伝メインで、25歳で初フルマラソンを走りました。初フルマラソンで北海道マラソンに優勝することができたので、それを機に、自分としては実業団で駅伝をメインにするよりもフルマラソンで自分自身の活動をしていきたいと思い、資生堂ランニングクラブを退社して、監督と先輩と一緒にクラブチームを立ち上げました。

増田明美：私は千葉県で関東の人間だからこの辺は詳しいのですが、埼玉川越女子高校は偏差値が72とか73で99.9%がいい学校に進学するのですが、運命ですね。高校3年生の時に活躍したら、Qちゃんや有森裕子さんをメダリストに育てた小出義雄さんに引っ張られてしまったのです。「天下の小出義雄さんだから」といって実業団に行きました。小出さんはあの選手もこの選手もたくさん教えて、香織ちゃんはもう少し小出さんにしっかりと教えてもらいたかったですよね。

吉田香織：そうですね。小出監督の元で得られたこともたくさんあります。

増田明美：今の活動に全部活かされるので、人生に無駄はないから、頑張りましょう。というわけで、よろしくお願いいたします。

吉田香織：よろしくお願いいたします。

亀井克之：では、吉田香織選手の復活の大きなきっかけになった、昨年のさいたま国際マラソンの最後のゴールシーンを観ましょう。

ということで拍手を。

吉田香織：ありがとうございます。さいたま国際マラソンという大会が11月に行われたのですが、結構コースが激しいのです。累積標高で500 mあるそうです。だいたい初心者向けのトレイルラン・レースと同じぐらいです。トレイルランではプラス1kgぐらいの負荷の累積標高になるそうです。タイムは2時間28分と決してよいタイムではなかったので、選考対象にはなりましたが、結果リオ・デ・ジャネイロオリンピックの代表にはなれませんでした。

亀井克之：この大会でリオの代表候補になられました。今年の8月28日の北海道新聞の記事をお配りいたしました。この北海道マラソンで2006年にも優勝されていますので、10年ぶりにこの大会で優勝されたのです。しかも、途中で抜かされ1分間ぐらい離されたのですが、最後のゴール2km前の北海道大学札幌キャンパスの中で追い抜いてそのまま逆転優勝されました。北海道マラソンの内容につきましては、この北海道新聞の記事で是非お読みいただけたらと思います。

　それでは、私の方から質問をする形式で、吉田さんと打越さんのご講演にし

第4章　市民ランナーの星はいかに誕生したか（吉田・打越・亀井・増田）

30回目 1万6122人疾走

北海道マラソン　木滑初V　吉田は2度目

30回目の節目を迎えた北海道マラソン2016（北海道陸上競技協会、北海道新聞社などでつくる組織委員会主催）が28日、札幌市中央区の大通公園を発着点とするコース（42.195㌔）で行われ、過去最多の1万6122人が出場。男子は木滑良（三菱日立パワーシステムズ）が2時間13分16秒で初優勝。来年の世界選手権代表選考を兼ねている女子は吉田香織（TEAM R×L）が2時間32分33秒で10年ぶり2度目の優勝を果たした。

▽男子
①木滑　良（三菱日立パワーシステムズ）　2時間13分16秒
②サイラス・ジュイ（セブスポーツ）　2時間14分39秒
③小板橋海渡（コニカミノルタ）　2時間15分3秒

▽女子
①吉田　香織（TEAM R×L）　2時間32分33秒
②水口　侑子（デンソー）　2時間33分46秒
③竹本　由佳（キヤノンAC九州）　2時間36分42秒

スタートの号砲とともに一斉に走りだすランナーたち。過去最多の1万6122人が出場した

㊦最後の力を振り絞り、ゴールに飛び込む男子の木滑良（左）と両手を広げてゴールテープを切る女子の吉田香織（いずれも藤井泰生撮影）、笑顔

男子は9人の先頭集団から37㌔で木滑がスパートし、2位に1分以上の差をつけた。2位はサイラス・ジュイ（セブスポーツ、ケニア）、3位に小板橋海渡（コニカミノルタ）が入った。女子は18㌔から水口侑子（デンソー）が抜け出したが、吉田が徐々に追い上げ39㌔で逆転した。2位は水口、3位は竹本由佳（キヤノンAC九州）だった。

節目の大会を記念し、道内の市町村から代表を選出して走ってもらう「179市町村参加企画」を実施。首長や地元のマラソン大会入賞者らが参加した。

今大会では初の試みとして、道内の市町村から179人の走者には北海道の形をした金色のメダルが配られた。

大会には、過去最多の1万7920人がエントリー。スタート時の午前9時の気温は18.0度、湿度66％で噌の1万6122人の完走。完走率は78.2％だった。

ファンラン3083人

同日行われた1.5㌔のショートコース「ファンラン」には3083人が出場した。合同開催の「はまなす車いすマラソン」（ハーフマラソン）では、男子は西田宗城（バカラパシフィック）が41分17秒で、女子は新田のんの（フリー）が1時間5分7秒で優勝した。（24面＝西田快走）

ご協力ありがとうございました

北海道マラソン2016は、28日無事終了しました。コース周辺の交通規制にご協力いただきまことにありがとうございました。沿道からの熱い声援で大会は盛り上がりました。来年もより良い大会を目指していきます。

北海道マラソン2016組織委員会

ひと2016 北海道マラソンで優勝した 吉田 香織(よしだ かおり)さん

沿道から何度も「かおりちゃん」と声援を送られた。「みなさんの応援でリズムを取り戻しましたね」

埼玉・川越女子高を卒業後、2000年に小出義雄監督の誘いで積水化学に入社。資生堂などの実業団を経て、現在は出版社に勤務しながら、走り続ける「市民ランナー」だ。マラソン人気の今、さまざまなイベントで市民と一緒に走ったり、アドバイスしたり。日本アスリートサポート協会(東京)理事の顔も持ち、実業団に所属していない選手らへの支援活動と、走る以外にも汗をかく。

競技生活は順風ばかりではなかったと言い、「泣いていることの方が多かったかな」。だが、さいたま国際マラソン(昨年11月)で自己ベストで日本人最高の2位に入り、今大会では10年ぶりの優勝。実業団に所属していたころより、「自然体で柔軟」と話す笑顔は輝きを増している。35歳。

リードを許す展開ながら、その声にうなずいて応える余裕があった。中盤は

(須貝剛)

たいと思います。

　まず、北海道マラソンについて振り返っていただけますでしょうか。例えばトップに離されてしまった時や、39 km の北海道大学キャンパスでの逆転、そしてゴールということで、今振り返っていかがでしょうか。

吉田香織：前日にあった記者会見でも話をしたのですが、前半は自分でスローペースにならない程度にレースを作りながら、中盤は少し力を溜めて、そして後半でもう一度ロングラストスパートをして、何とか優勝できればいいという話をして、その通りの展開になりました。前半ハーフ地点では1時間14分30

第4章 市民ランナーの星はいかに誕生したか（吉田・打越・亀井・増田）

吉田成長 10年実感

淡々とライバル抜く

39キロ▶▶

水口を抜き、北大構内でトップを走る吉田香織（中本翔撮影）

北海道マラソン2016は28日、札幌市の大通公園を発着点とするコースで行われ、男子は木滑良（三菱日立パワーシステムズ）が2時間13分16秒で初優勝した。女子は昨年2位の吉田香織（TEAM R×L）が2時間32分33秒で10年ぶり2度目の制覇を果たした。

昨年2位に入りながらドーピング違反で失格となったサイラス・ジュイ（セプスポーツ）が男子2位で、小板橋海渡（コニカミノルタ）が3位。女子は昨年3位の水口侑子（デンソー）が2位。3位は竹本由佳（キヤノンAC九州）だった。

女子

①吉田 香織（TEAM R×L）　　2時間32分33秒
②水口 侑子（デンソー）　　　2時間33分46秒
③竹本 由佳（キヤノンAC九州）2時間36分42秒
④三井 穂子（ユニクロ）　　　2時間39分58秒
⑤小田切奈奈（天満屋）　　　　2時間41分53秒
⑥吉冨 博子（メモリード）　　2時間46分22秒
⑦高松 千里（熊本陸協）　　　2時間50分10秒
⑧松本 久昌（東京都）　　　　2時間55分01秒
⑨小宮 結梨（エディオン）　　2時間55分55秒
⑩藤沢 舞（札幌エクセル）　　2時間56分6秒

吉田が39キロすぎ、一時はトップを独走していた水口をかわし、そのままゴールした。

序盤から吉田、水口、竹本、三井の4人で先頭集団を形成した。16キロ付近で竹本、三井が脱落。18キロすぎに水口がトップに立ち、吉田を引き離した。水口は30キロ地点で2位を走っていた吉田に50秒差をつけていたが、徐々に失速。ペースを守った吉田が逆転した。水口が2位、竹本が3位に入った。

◇主催　北海道マラソン2016組織委員会
（北海道陸上競技協会、北海道新聞社、北海道文化放送、エフエム北海道、道新スポーツ、北海道、札幌市、北海道体育協会、北海道市長会、北海道町村会、北海道商工会議所連合会、札幌商工会議所、北海道観光振興機構、北海道陸上競技協会、北海道医師会、北海道救急医学会、北海道看護協会、北海道理学療法士会、さっぽろ健康スポーツ財団、NPO法人ランナーズサポート北海道）
◇主管　北海道陸上競技協会、札幌陸上競技協会
◇後援　観光庁、日本陸上競技連盟
◇特別協賛　石屋製菓、カネハ、VOLUME
◇協賛　出光興産、第一生命、大和ハウス工業、2017冬季アジア札幌大会、北洋銀行、ホクレン農業協同組合連合会
◇協力　NTTドコモ、沖縄観光コンベンションビューロー、近畿日本ツーリスト北海道、クリーン障害活性化連絡協議会、興和、札幌丸井三越、スカイマーク、セイコーホールディングス、セコマ、ダスキン、フォトクリエイト、北海道大学、本田技研工業、ムトウ、郵便局、ロジネットジャパン

18キロすぎ。先頭集団のトップを走っていた吉田は水口が抜かれた。ぐんぐんと広がる差。しかし、吉田、そのべースを崩した。「この気負いが最適だ」。

25キロで秒だった水口との差は30キロでは50秒に広がった「焦りは感じなかった」。ハイペースと見たからだ。あえて後を追わなかった。ただ、追走していたライバルの背が次第に見えなくなった。最終タイムが2時間30分台ということはない。ハイペースと終わる6.5キロの直線、新川通

資本常務所属の実業団選手だった。13年、貧血の治療で医師に処方された薬に禁止薬物が含まれているとして、2年間の資格停止処分を受けた。「走れなくなった。精神的にタフになった。今日は自分をほめてあげたい」と話した。新川通を走り切って3位。「10年ぶりの優勝の価値が増している」という。練習は制約ありながら走っていた。そういうところを実業団選手にはしてもらえたら、いいかなと。25歳でない。市民ランナーとして成長していく自分があるからこそ勝てる。

々に差が詰まり始め、39キロすぎの北大構内で、苦しさに顔をゆがめる水口を表情を変えず一気に抜き去った。

6年に初マラソンで優勝した当時と比べても、「大きく成長したなあ」。10年間を経て、その答えを探す大会でもあった。

北海道マラソンは、25歳の思い出深いレースだ。200

走り込みを増し、スピードは集中的な練習で筋力、スピードは増している。

（須貝剛）

（『北海道新聞』2016年8月29日朝刊）

秒ぐらいでした。北海道マラソンというのは北海道ですが、最高気温がこの時でも26度でした。日差しが非常に強いので体感温度としては30度以上になります。その中で2時間30分を切ることはないと自分の中で予想できたので、ある程度前半に貯金できたと踏んで、デンソーの水口選手が先行して1分ぐらい先に行ったのですけれども決して慌てることはなく、「後半に必ず彼女は落ちてくるであろう」と焦らずに行ったところ、計算通りになりました。1分差だとだいたい400mぐらいなので「あ、ちょっと動きが鈍ってきたな」ということが見えます。そこで「これは逆転できる」と自分の中でしっかり読めたので、そこから一気にロングラストスパートをかけて逆転することができました。

亀井克之：指導なさってこられた打越コーチにもお伺いしたいと思います。北海道マラソンに向けてどのようなトレーニングを積んでおられたのですか。

打越忠夫：いろいろと本当は「あれをした、これをした」という言い方をしたいのですが、変わったことは何一つしていません。今回は2週間前から実質調整練習という形で行った中で、15kmを2本だけだったと思います。30km、40kmという距離走は一切走っていませんでした。練習の中で距離を走っていないという不安もあったのですが、私は感覚人間で、このぐらい走れればどれぐらいのタイムで走れるということ、もしくは勝てる、負けるということを何となく掴んでいました。タイム的にもだいたい32分台、悪くても33分台だろうという話を谷川真理さんにもしていました。タイム的にはたまたまかもしれませんが、ずばり32分台での10年ぶりの優勝になりました。

亀井克之：吉田さんご自身もいかがでしょうか。

吉田香織：私は7月の上旬にイベント中に転倒して肋軟骨損傷とむち打ちとな

り、2週間まったく走れない状況になってしまいました。7月から「さあ練習しよう」という時にそうなってしまい、まったく予定が狂ってしまったので、私自身は「北海道マラソンはよい刺激になって秋冬に繋がればよいかなあ」と、結果的には少し肩の力を抜いた状態で挑むことになりました。

亀井克之：昨年のさいたま国際マラソン、そして今年の北海道マラソンですが、今回のセミナーのチラシに吉田さんの紹介で「Wings for Life World Run（ウィングズ・フォー・ライフ・ワールド・ラン）」というイベントの女子の部で世界チャンピオンになられたと書いていますが、この Wings for Life World Run とはどういうイベントなのでしょうか[2]。

吉田香織：これは滋賀県の高島市で5月のゴールデン・ウィーク最終週に行われました。世界33ヵ国で一斉にスタートする、本当に面白い大会です。ヨーロッパが基準なので日本は夜の8時にスタートします。ランナーがスタートして30分後に車がスタートします。最初は時速15kmからスタートして、車は30分毎に速度を上げていきます。最終的には時速35kmまで行くのでボルトのスピードより速くなります。なので、人間は絶対にどこかで掴まるので、その車に掴まるまでの距離を競う大会になっています。チャリティランイベントで、参加費はすべて脊髄損傷の方々の治療研究費に充てています。レッドブルが主催で、レッドブルの社長と Wings for Life World Run 財団の社長が懇意にされており、Wings for Life World Run 協会の会長のご息女が脊髄損傷になられ、それをレッドブルの社長とお話したところ、「是非いろいろイベントを手伝わせてください」ということで始まったと聞いています。日本では2回目ですが、世界では3年続けて開催されており、次が4年目になるそうです。

亀井克之：ありがとうございます。それではマラソンのテクニカルな話が続きましたが、一般的なお話として、大きな挫折から復活した、非常に現実的な良

い例が吉田さんの歩みそのものだと思います。「市民ランナーの星はいかに誕生したか」という今回のテーマでお話いただきたいと思います。

　吉田さんははっきり申しまして市民ランナー並みの走りしかできなくなる状態にまでなられたのですが、この度このように復活され、その復活の大きなきっかけになったのが「Runners Pulse（ランナーズパルス）」、創芸社（創藝社：2016 年 8 月に社名変更。当時は「創芸社」）という会社との出会いだと思います。この創芸社（創藝社）との出会いについてお話いただけますでしょうか。

吉田香織：創芸社（創藝社）は、それほど有名な出版物はないのですが、出版社です。社員はそれほどいないのですが、創芸社（創藝社）に基づく広告代理店のエス・アイ・ピーという会社の方が社員を多く抱えていて、同時に中小企業のひとつとしてやっている会社です。社長の吉木稔朗さんはランナーで、今 63 歳です。吉木さんとは 10 年前からずっとランニング繋がりで繋がっており、吉田香織応援団長を務めてくださっていました。私は実業団をやめてクラブチームに所属していたのですが、そこのクラブチームも破綻してしまい、谷川真理さんの事務所で働いていました。紆余曲折があり、市民ランナーとしてもどこで走ろうかという状況の時に、3 年前「うちの社員になって働きながら走らないか」と吉木社長に声をかけていただき、働き出すことになりました。当時は、「午前中を練習時間に充てていい」と言っていただき、会社の近くの代々木公園で午前中 12 時ぐらいまで練習をし、少し休んで 12 時半ぐらいに出勤し、そのあと夕方、夜まで働いて、夜はまた市民ランナーのクラブチームに顔を出させていただいて走って、どこかでご飯を食べ、家に帰るという生活をしていました。実業団ではない企業に勤めながらも選手活動ができるということが自分の中で確立できたので、自分の後輩にもこの形を伝えたいと思い、この度「一般社団法人アスリートサポート協会」という協会を私と打越コーチが代表で、谷川真理さんと花増顕さん、花満開さんという芸人で谷川真理さんのパートナーさんですが、この 4 人で協会を立ち上げることになりました[3]。

第4章　市民ランナーの星はいかに誕生したか（吉田・打越・亀井・増田）

打越忠夫：みなさんのお手元の資料にもありますように、一昨日法人登記をしてきました。たぶんあと2週間ぐらいで正式に申請が通ると思います。元々この会社を立ち上げた理由は、吉田選手との出会いの中でこういった形で復活ができた。もしかしたら、陸上を続ける環境はないけれどもっと続けたい、もしくは実業団を退社して戦力外通告をされた、そういった選手たちがたくさんいるのではないかという思いがあり、ではそういう選手たちの走る環境をもう少し整備してあげたいという強い思いがあって、こういった会社を立ち上げました。現在、吉田選手と我々と一緒に練習をしている選手が何名かいるのですが、吉田選手なり私の繋がりの中で、「選手を一人引き受けてもいいですよ」という会社も数社ございます。そういった思いの選手と中小企業でも大企業でも選手を一社に一名採用していただいて、スケジュールもしくは練習を我々が見させていただくというような、今までの実業団とは違ったシステム、組織を作って、世界に羽ばたいて行くような選手を作っていきたいという思いがあり、この協会を立ち上げました。

亀井克之：ありがとうございました。今おっしゃったのは、今日のセミナーの根底にある大きなテーマでもあるのですが、「勝利至上主義」と言いますか、「メダルの数至上主義」とは違ったスポーツ文化です。あるいは選手でも現役時代は短くセカンドキャリアの方が長いのですが、逆にセカンドキャリアに入れと宣告された人の中にも、少し違った環境でもう一度トレーニングを積めばまた花が咲く場合があるということですね？ですから大企業のクラブ、実業団だけではなく、中小企業に所属して市民と一緒に練習しながら花咲く場合もあるのではないかということで、実例が吉田香織選手です。

　では、吉田選手がトレーニングを再開された頃、いろいろな練習会に参加されて、言わば複数練習会、複数クラブの渡り歩き練習のようなことをされて、現在もいろいろな企画を自分でなさったりして多くの市民ランナーと交流しておられるのですが、こうした企画や練習会の醍醐味があると思います。今日は

75

会場に練習やランニングイベントでのお知り合いの方も来られているようなので、またあとでご質問等を受け付けます。それから今日のお昼休みに、関西大学の「カイザーズクラブ」のお力をお借りして、関西大学の陸上400mトラックでランニングイベントを行ないました。市民の方、地域の方、私も参加しましたし、学生さん30人と行いました。こういうイベントの練習会、市民ランナーとの交流の醍醐味などをお話いただけますでしょうか。

吉田香織：私もかなり長く競技をしているのですが、実業団にいる頃は本当にスピードとタイムと勝負、それしか頭の中に入っていませんでした。しかし、クラブチームでいろいろな年代の方やいろいろな目的でランニングに取り組む方々と知り合えて、あらためてランニングの楽しさや、いろいろな幅があることに気がついたのです。ボランティア活動も然りですが、ランニングで私たちがたまに顔を出す団体に、うつ病患者の方々と走ることによって薬で治療していくのではなく外に出ることで精神的にもっと豊かになってうつ病を治していこうというボランティア団体があります。そういったところでランニングの良さをあらためて感じたり、あとはイベントの中で完走できない、それぐらいの走力だけれども、まずフルマラソンの中で5km だけでもいいからスタートに立ってみようという目的の人とも出会ったりして、自分が今までの実業団時代に思っていたことはまったく否定されました。今は、強さや速さよりももっと豊かにランニングを捉えることができるようになったと思っています。

　打越さんも市民ランナーの方々と接するようになって2年ぐらい経ちますでしょうか。最初は感覚が違うようで「疲れる」といったことをおっしゃっていたのですが、最近は本当に「楽しい」と言って、「いろいろな知り合いもできてよかった」という話をしています。打越さん、どうですか。

打越忠夫：一番大変なのが、イベント後の飲み会です。これが非常に多いので私の体が受け付けない状況になり、当初は苦労しました。ただやはり、今まで

第4章　市民ランナーの星はいかに誕生したか（吉田・打越・亀井・増田）

実業団の中でしてきたこととまったく違う世界の人たちとの繋がり、ふれあいができる。それが非常に新鮮で心地よい気分にさせてくれた、これからまだまだ続けていかなくてはいけない、続けたいという思いにさせてくれたことが一番大きいと思います。それも全部吉田選手との出会いから生まれたことだと思っています。

亀井克之：ずいぶん長く指導を受けておられるのかと思っていたのですが、1年半ぐらいなのですね。どのようにしてお知り合いになられたのですか。

吉田香織：私が市民ランナーの方々と走り出して7、8年経つのですが、その中で知り合ったランナーで、市民ランナーとしてはトップクラスの、当時2時間25分ぐらいで走る男性ランナーがいました。その方が打越さんと家が近いこともあっていろいろ指導を仰いでいたのです。その方が飲み会の時に「僕のコーチは結構いいよ」と言って夜の12時ぐらいに電話をして繋いでくれたのです。たまたま私は東京の練馬区に住んでいて、打越さんは埼玉県のさいたま市に住んでいて、遠そうに見えて距離的には10kmも離れていない距離にいましたので、「打越ファミリー」という練習会があるのですが、川内優輝の弟だったり私を紹介してくれた清本さんという100kmの日本代表選手だったり、サイラス・ジュイという北海道マラソンで2番に入っている元々日立電線で走っていた選手で所属する会社が当時なくてフリーでしていたので打越さんがみていた選手だったり、何人かみていたところに私も練習会に誘っていただき出られるようになりました。それがちょうど去年の4月です。

亀井克之：ありがとうございました。打越さんの方からいかがですか。

打越忠夫：まったくその通りです。

77

亀井克之：では先ほど少しお話にもありました、打越コーチの指導はあまり距離を走らない、40 km 走など無茶な練習をしないところに特徴があると伺っているのですが、そのあたりはどのような感じなのでしょうか。

打越忠夫：私自身は大学時代に 40 km 走、50 km 走の練習を実質月に 1 回行っていました。現役になって、しないことはなかったのですが、することによってそのあとのダメージや故障のリスクが非常に高いのです。私自身も最終的には故障で現役引退という形を取ったため、やはり自分と同じような思いはさせたくないと、少しでもリスク回避をしてスピード練習、もしくはリカバリーを少し長めに取った形の練習の方が効率的、効果的な結果が得られるため、今吉田にはそういったスケジュールを考えて行っています。

亀井克之：打越さんの話の続きですが、お話していると打越さんは奥さまが池田市の出身ですが、大阪にはあまり良い思い出がないそうです。お伺いしたところ打越さんは雪印におられたのですが、大阪の方はご記憶と思いますが、2000 年に雪印乳業が食中毒事件を起こしました。その時に食中毒になったお客さんたちに社員たちが手分けして謝罪に回り、打越さんも担当されたそうです。いかがだったのでしょうか。

打越忠夫：当時 2000 年ですが、私は 1996 年に引退をし、埼玉の支社で事務をしておりました。その時に起こった不祥事です。社員が全員大阪に 1 週間か 10 日のローテーションで行ってお詫び行脚をして対応しなさいということで、それを 2 回ほど、トータルで 20 日間ぐらい対応しました。やはりいろいろなお客様がいらっしゃるのですが、二人一組で連絡のあったお客様のところへお詫びに行きます。最初はお金を出していたらしいのですが、実態のない人たちにお金を渡していたということがあり、まずは話を聞いてから対応しました。陸上だけではなく、そういった体験もしたことが、人生のひとつとしてはいい

経験だったと思っております。

亀井克之：会場からの質問を受け付ける前に最後の質問です。吉田さんの歩みをじっくりとお伺いしていますと、逆境に負けない生き方と申しますか、人生のレジリエンスと言うのでしょうか。「レジリエンス」というのは今学問の世界や一般的にも使われていますが、何かを押すとへこみますが、へこんだところがまた元に戻るということです。例えば、災害から復旧する、あるいはショックから立ち直るなど、そういった時に一般的に使う用語ですが、この人生のレジリエンスあるいは逆境に負けない生き方ということで何かお言葉がいただけましたら。

吉田香織：それほど立派なことは言えませんが、自分も多くの紆余曲折、逆境もありましたが、実業団ではなく今の市民ランナーとしての競技生活になり、良いこともいくつかありました。企業でのスポーツは本当に大変です。まず練習するにあたって、練習計画を前もって監督、コーチ陣は提出しなくてはいけません。本当に事細かく、タイムから何から。しかし実際には、天候が悪かったりすれば変更せざるを得ないこともあります。そういうことを受け付けない企業もあるのです。あくまでも業務として練習をしなくてはいけないので、その練習に合わない選手がほとんどであっても、みんなノルマとして練習しなくてはいけないのです。決して40 km走をしたから正解ではないですし、30 km走をしたから正解という訳でもありません。正解の練習というものはないのですが、当てはめられた練習を淡々とこなすしかありません。会社へ行ってパーティなどの時には「オリンピックを目指します」「世界陸上を目指します」と言わなくてはいけない状況の選手たちがほとんどです。大きな目標を立てるのはもちろん大事かも知れませんが、それよりも小さな目標を立てられるようになりました。自分が別に言葉に発しなくても「よし、次のさいたま国際で日本人トップになろう」。「日本人トップを目指します」と実業団で言えばたぶん怒

られます。「優勝を目指しなさい」、「世界陸上に出る、と言うのではなく、世界陸上でメダルを取ります、と言いなさい」と指導されていきますので、自分に見合った目標が立てられません。だから、レースで失敗した時は余計に落ち込むことになります。私の場合は本当にそういうしがらみがないので、簡単に「次のマラソンは完走すればいいです」という程度、北海道マラソンの前には周りには実はそう言っていました。それを言える、自分で思えるのは、やはり今の良さだと思いますし、結果が付いてこなかった時も大きくへこむことがないことが今の良さだと思います。

亀井克之：ありがとうございます。打越さんからも一言ないですか。逆境に負けないあるいはレジリエンスとか。

打越忠夫：私自身は逆境に強いかと言われたら、決してそうではないタイプでした。最初に紹介がありましたように、世界陸上に出た時と箱根駅伝では、結果を出すことができたのですが、結構私はあがり症で、周りの目を意識してしまうタイプなのです。なぜそういう結果が出たか、それも私自身、運やタイミングの問題ではないかと捉えています。

吉田香織：運があることは大事ですね。

打越忠夫：あまり物事を深刻に考えすぎないことや、あるいは吉田選手との出会いとか、瀬古さんであれば中村監督との出会い、増田さんであれば滝田先生との出会い、そういうタイミングが自分をプラスの方向に引き上げてくれると思っています。

第4章　市民ランナーの星はいかに誕生したか（吉田・打越・亀井・増田）

第3部　質疑応答＆ディスカッション

亀井克之：それでは全体ディスカッションに移ります。頂いた質問への回答からまいります。では杉本先生、お願いいたします。

杉本厚夫：競技を楽しむ人、「アスリート」という言葉をこれから日本の中でも定着させていって、選手と選手でない人に分けるのではなくて、「アスリート」という中で「スポーツを楽しむ人たち」というカテゴリーにしたらよいのではないかということに大変同意いただきまして、「ぜひ小池都知事とお話してください」とあります。僕はその気はありますけれども向こうがその気がないだろうと思っています。そういう概念、我々がこれまで培ってきた考え方、例えば「スポーツ」と「体育」とか、そういった概念にもう一回光を当ててみて、そこから見えてくる日本の社会現象があるのではないかと思っています。この続きは金曜日 ABC 放送の「ほりナビクロス」で話そうと思っていますので、よろしくお願いいたします。

第4章　市民ランナーの星はいかに誕生したか（吉田・打越・亀井・増田）

増田明美：先ほど打越さんと吉田香織さんの話の中で、新しく「アスリートサポート協会」を開かれましたけれども、運営はどうしていこうとしているのでしょうか？

打越忠夫：資料にもございますように、一社一名を採用して我々が現場を担当するということで活動していくということがまず第一なのですが、その採用していく会社様に我々が指導料を頂くという形で運営資金を作っていこうと考えています。

吉田香織：就職の紹介業というイメージです。アドバイスいただいている紹介業の会社もあるのですけれども、そこと同じく、企業と選手のマッチング。それぞれに実業団を持つほどではないけれども東京オリンピックに向けて何らかの形で関わりたいという企業の社長さんが結構いらっしゃるのです。そういう方たちと、実業団には合わないけれどもなんとか活動を続けたいという選手のマッチングができていないだけで、ここの数は揃っているのでマッチングをしてあげるという意味で紹介業です。最初の成功報酬的に一回で頂く企業もあれば月にいくらという形で契約料を頂くという企業もあります。今ちょうど話し合いのところです。選手の成績もそれぞれ違いますので、その部分に見合う給料とあとは指導料を協会の方に入れていただく形になります。そこはこれからランク制にして、ゴールドスポンサー、シルバースポンサーみたいな形で企業の方もランク制にさせていただいて、アスリートの方もランク制にしてマッチングしていけたらいいと考えています。

増田明美：チームでお願いしますと言ったら大変だけど、一社から一名採用という方法はやり方としてすごくいいですね。やりやすいですよね。あれが一緒じゃないですか。違うかもしれないからフォローしてくださいね。アルビレックス新潟というのがあるのですけれども、地域のスポーツクラブで大成功をし

83

ています。あれはサッカーではすごく有名ですよね。アルビレックス新潟はJ1で活躍していて地域でやっています。実はサッカーは有名ですけれども、アルビレックス新潟の中にはあと10個のスポーツがあるのです。陸上とかバスケ、女子サッカー、野球などがあります。他の競技、特に陸上の選手などはアルビレックス新潟というユニフォームを着ていますけれども、あれが「中小企業の方に一人の選手に雇用をお願いします」という感じで、そういうことなのですね。中小企業でちゃんとサポートされているのですよね。やり方としてはすごくその土地にあっている。

杉本厚夫：ではお二人に質問します。中小企業を選ばれたという、そこの狙い

第 4 章　市民ランナーの星はいかに誕生したか（吉田・打越・亀井・増田）

目がとてもユニークだなと思うのです。実は今、相撲の世界で言えばタニマチがすごく減ってきています。つまりオーナー企業ではなくなってくるから、東大阪の中小企業のおばちゃん達がタニマチになっていくという傾向もあります。やはりオーナー企業を目指していたということですよね。その辺を、中小企業に焦点を絞られた理由をお聞かせいただけますか。

打越忠夫：吉田とパートナーとして練習を一緒にやるようになりまして、応援したい会社もしくは個人的にサポートしますよという方が非常に多かったのです。そういうことで中小企業の方々にもしかしたらこういう事業を勧めたらいいのかなという単純な発想から、中小企業さんということで進めていきたいという考えが出ました。

吉田香織：日本は中小企業の国ですので、中小企業で支えられている部分もありますし数も本当に多いので、そこに目をつけたところもあります。アスリートも今までのようにスポンサーだけを募って競技していけばよい時代ではなくなってきているので、こちらも教育というか、イベントとかランニングレッスンができるような人材に育てながら、その企業で社内福利厚生業務ができたり、社員向けのランニングレッスンができたり、商品 PR イベントができたり、マラソンや陸上競技をしてきたことが活かせる人材に育てた上で送り込みたいと思っています。それを大企業だと活かしきれない。一人の力はマンパワーが少し小さいなというのがありまして、中小企業であればその選手を活かしきれるというところで、今は中小企業を回っていろいろ人材を紹介している状況です。

亀井克之：では寄せられた質問へのご回答を。

吉田香織：お二人から質問を頂いています。一枚はたくさん質問を頂いていまして、熱烈なファンの方かなあと思っているのですけれども、名前は書いてな

85

いです。順番に質問の上から答えていくと「スペシャルドリンクは何が入っているのですか」という質問を頂きました。この間の北海道マラソンでは大塚製薬のOS-1（オーエスワン）を使いました。あれが一番吸収力がよいということをランナーの内科の先生がおっしゃっていました。OS-1で注意した方がいいなというのは、私はあの味があまり好きではなくて甘い粉をさらに混ぜていたのですけれども、何かを混ぜると吸収率が下がってしまうそうです。凍らせるのもだめだそうです。だから純粋にOS-1を100%で全ていきました。選手によってはコーラの炭酸抜きだったりですが、打越さんは何を飲みましたか。

打越忠夫：私の時はバイオ茶という延岡の会社の水出し茶です。それを使っていました。

増田明美：給水というのは時代がわかります。スポーツ科学がだんだん進化しています。OS-1みたいにどんどんそうなっていく訳です。私は打越さんよりも古いではないですか。私の頃はとにかく糖分を摂ればいいと言われて、紅茶の中に蜂蜜を入れていました。5kmごとに蜂蜜を濃くしていきました。そしたら、走り終わったら太っていました。今は絶対太らないですよね。時代がわかるのですよ、給水の中身というのは。

吉田香織：二人の質問はここが共通するのですが「ふだんの食生活で気をつけていること」です。日常から大会への体力を支える食事管理ということなのですけれども、私はあまりストイックさがないので、飲み会もノミニケーションとして参加させてもらうことが多いです。居酒屋さんや外食も結構多くて、その中で気をつけていることと言えば、種類をなるべく多く一口でも全てに手をつけるということを心がけています。いろいろとテーブルに出されることがあるのですけれども、一種類だけしか手が届かなくても取ってもらってでも遠くのものも食べるようにしています。あまりストイックにやり過ぎないことも大

切かなと思いますので、食べたいと思ったものを素直に食べていけばいいのか
なと思います。

「リラックス法があれば教えてください」ということで、レース直前の自分
のリラックス法は、自分より強そうだなと思う人は見ないことです。自分より
調子悪そうな人を見ると、自分の方が元気だなあということで少し元気が出ま
す。リラックス法というか元気の出し方を、自分の中では実践しています。

「毎日必ずするルーティン・ワーク」。寝る前に腹筋100回します。増田さん
は腹筋を何回されましたか。

増田明美：私は練習の後に3000回です。毎日。上から目線でごめんなさい。

吉田香織：3000回はできないのですけれども、毎日こつこつと100回やります。
体幹がとても大事ですので、走る市民ランナーのみなさんもぜひ実践してくだ
さい。

それから、「ずばり、結婚するならどんな人がタイプですか」と書いてあり
ます。「譲れない条件があれば聞かせてください」ということですけれども、
なるべく健康な方がいいですね。いつかは病気をする時がありますけれども、
一緒に寄り添っていたいなと思える心優しい方がいたらもらってください。

増田明美：今、いないの？

吉田香織：今ですか。今はいないです。

「大会コースはかなり長距離ですが、モチベーションの持ち方などを教えて
ください」。初めから高い目標を持ち過ぎないということがよいかもしれませ
ん。1km毎に確実に自分が刻める最低限のラップタイムを考えながら。最低
の目標を必ず立てることも大事です。これならクリアできるという小さい目標
を積み重ねていくと、必ず自信や自分にとって歩みやすい道を進めると思いま

す。私への質問は以上です。

亀井克之：私と増田さんと打越さんへの質問なのですが「実業団はどんな形にしろ会社はあくまでも利害関係を求めます。アスリートはそのことも考え認識して行動していかなければなりません。そのため、結果的に心のリスク対応はどのように考えていけばよいのでしょうか」。私の方からは、危機管理やリスクマネジメントでも、物とかお金の危機管理よりも心の危機管理が重要だと思います。自分で原因を考えることから出発して、続いて人に相談するということです。さらに相談相手を持つということでしょうし、もう少し突っ込んで、相談というのは聞いてもらうだけですけれどもアドバイスしてもらう、あるいはさらにコーチしてもらう。そういう関係を構築しておくということかもしれません。残念ながら心のリスクはそういうふうに自分で考え、相談、コンサルティング、コーチングをもらっても、抜けきれない時があります。そういう時には、気分転換とか癒しとか、健全な趣味を持つことではないかと思います。

増田明美：心のリスクは、スポーツの場合は女子の方が結構あります。でも、女子の方は言いやすいから誰かに言うけど、男性は溜めますからね。だから、チームの中に女性を入れるといいのですよ。マネージャーとか、気持ちの面で心の襞が豊かな女性が一人入ると相談しやすいムードになりますので女性はいいと思います。そういうチームが実際に増えてきています。私たちが選手の頃は自分ができることと言ったら、会社からお給料をもらってやっていますから、けがをしないように、香織ちゃんが言ったようにできるだけ食事などもいろいろな品目を食べていくとか、貧血にならないようにレバーなどをいただくとか、自分でできることは貧血防止とか、けが防止で自分の体を管理する、そこに徹することでした。

打越忠夫：私は実業団のコーチを上がりまして、女性では吉田選手をみたのが

第 4 章　市民ランナーの星はいかに誕生したか（吉田・打越・亀井・増田）

2016 年 10 月 5 日
関西大学　千里山キャンパス・グラウンドにて

初めてでした。その中で、女性と男性の違いとか一人だけを見る状況などを経験しました。これははっきり言いますといろいろと問題があるのですが、問題解決策は現在進行形で、まだ解決していない問題がたくさんあります。練習の中でぶつかったり、私生活の中でも自分がしてもらいたいことと相手に望むことなどで、多分みなさんもそうだと思いますが、ご夫婦の中でもそういった問題はあります。それを自分のエゴで片付けるのは簡単ですけれども、なかなかそういう訳にはいかないので、納得してもらうやり方をいろいろ考えながらやっているのが現状です。

打越忠夫：質問は多いのですが「吉田さんは女性に珍しくダイナミックなフォームで走る選手だと思います。そのフォームを失わないようにスピードと筋力重視のトレーニングをされているのでしょうか」。トレーニングに筋トレは積極的に取り入れています。レース直前でも極力筋肉を落とさないように少し起伏のある場所での持久走を意識しながら、今回の北海道または前回の長野

など、少し不安要素がある時にそういった距離を踏ませる、起伏のある場所を走らせるというトレーニングをしています。

「欧米やアフリカの長距離マラソン界のトレーニング方法の中にリディアード理論という広く知られた理論がありますが、打越コーチの中でリディアード理論がベースのどこかにあると思われますか。そういう理論があると認識しながらも独自のトレーニング方法で、先におっしゃったように距離を走らせずスピード重視でトレーニングを構築されているのでしょうか」。私のトレーニングのベースは、中学高校とずっと一人でいろいろな本を見ながらやってきた記憶があります。指導者に指導してほしくて順天堂大学の澤木先生の元に行きました。順大の澤木先生にはかなりこっぴどく、ボコボコにされた記憶があるのですが、スピードはその時ぐらいから意識して、スピードを意識した練習をするようになったということがあります。それが現在の吉田選手へのトレーニングにマッチしているというか、自分の中ではそれがベストだということでスケジュールを調整しながらやっているということがあるかと思います。

「実業団に陸上で入った場合、走れなくなったら辞めざるを得ないのですか。入社時にプロ野球選手のようにプロ契約があるのですか」というご質問ですが、これは実業団によって契約選手もしくは一般社員としての入社という場合があります。現状で言うならば、男子は契約選手というのはごく稀です。自分から辞めることがなければ会社に残れるという方が実業団ではほとんどだと思います。女子はどうでしょう。

吉田香織：女子は逆にほとんどが契約社員で、競技を終えたら社員としても残れないので、そのまま退社という形が多いです。

打越忠夫：あと一つです。「個人のコーチをされているということですが、練習メニューは全く個人で違うのでしょうか。例えば男性用、女性用とか、いくつかパターンがあるのでしょうか」ということです。今見ている選手は3、4

名、多い時には5名なのですが、男女ともレベルの差がそれほどない状況です。その中で、例えば1000m 10本という練習があったとすれば、本数を減らしたり距離を減らして調整したりするというやり方で、極力一緒にやるようにしています。

吉田香織：あとから頂いたものが三つあります。社会安全学部の百鳥さんから「ご自身のレジリエンスに関するお話を聞かせていただきました。その中に、監督やコーチの練習内容の関係や会社のパーティ、そこでの目標の発言など、実業団ゆえの苦労や不自由と言える話題が上がっていましたが、現在実業団として活動活躍されている方が、それらとどのように付き合っていくべきだと思いますか」という質問をいただきました。百鳥さん、どちらにいらっしゃいますか。ありがとうございます。そうですね。今はやはり昔と違って、スパルタ教育が通用する選手がだいぶん減ってきました。ゆとり教育世代なども入ってきました。その中で少しずつ指導の仕方は変わってきていると思うのですけれども、時代によって強化費、活動費が減っていく中で、スタッフを減らさなくてはいけない状況、選手も減らさなくてはいけない状況でぎりぎりでやっている実業団が多いです。2020年に向けて、今廃部にしてしまうとすごく企業イメージが悪いのでここ最近は実業団の廃部のニュースがないのです。ということは、2020年を超えたらものすごい廃部が相次ぐと思います。活動費が少ない中でもスタッフぎりぎりでやっている中で、外部委託だと思うのですがカウンセラーを呼んでその選手の精神的なケアをするチームが増えてきています。リスクマネジメントですね。そういった精神的カウンセラーの方を外部から寄せて、実業団ゆえの苦労や不自由をケアしていくことが、今できていない実業団にとっては大事なのかなと私は思います。

　それからあと二つあります。「結果がついてこない時に、市民ランナーになってからあまり深く考えないようになったと言っていましたが、結果を残すために新しく始めたことや練習メニューを変えたことなどありますか」という

質問。それから「アスリートサポート協会は他の競技でもサポートするのですか」という質問を頂きました。私自身は変えたというつもりはないのですけれども、もうある程度競技年数が経ってベースはできているので、距離を追う練習ではなくてしっかり要所、要所を押さえたトレーニングに変えています。市民ランナーの方もだいたい 15000 km 程度走ったランナーだったらベースができています。15000 km というと、だいたい 1 ヶ月に 300 km 走る選手であれば、途中休みの時期があるとして 1 年に 3000 km ぐらい走ります。5 年間やったら 15000 km ぐらいいくと思いますので、5 年程度競技を続けているあるいは 7、8 年、その時期は走行距離によって変わると思いますけれども、ある程度市民ランナーで競技をやっている方は、もう距離を追う練習はやめた方がよいと思います。10 月に入ってオクトーバー・ランでしたか、距離を競わせる企画もいろいろなところでやっているのですけれども、あまりそういったところにとらわれずに、効率のよいトレーニングをぜひ考えてやっていただけたら末永く走れますし、競技の成績も上がっていきますので、少し工夫していただけたらいいなと思います。のちほど、効率のよいひと工夫のトレーニングは打越さんが伝授しますので、こっそり聞きたい方は聞きに来てください。

　それから「アスリートサポート協会は他の競技でもサポートするのですか」という質問なのですけれども、まさにその通りで、私は最初「一般社団法人長距離再生機構」といった長距離だけのことを考えていたのですけれども、打越さんが「アスリートサポート協会」にしたいと言い出しました。大東文化の土井杏南選手のような幅跳びの選手とか短距離の選手の方が実はスポンサーが見つからないとか就職先がなくて困っている。長距離は実業団がある分だけ恵まれた環境なのです。今はマラソンとか長距離に目を向けていますけれども、余裕が出てきたら投てきや混成種目などいろいろな競技のスポンサー探し、就職探しもお手伝いできたらいいと考えています。

　もう一つ。「吉田選手の陸上キャリアで所属先変更やドーピングの件など不運なことが多かったと思いますが、その度にどう乗り越えたのか、どうモチ

ベーションを維持したのか、また打越コーチはそのあたりを意識して指導され
ているのですか」と、二人に向けた質問です。そうですね。こういった紆余曲
折がある中でどう乗り越えたのかというところなのですけれども、私はＢ型
で根に持たない、一晩寝たら忘れてしまうタイプなので、悩み切らずに一晩越
えると忘れてしまうというのがよかったのかもしれないです。基本的に、競技
者で長くやっている人はスーパーポジティブな選手が多いと思います。何でも
考え方は変換できると思います。例えば、転倒してしまった、だけど打ちどこ
ろがそこまで悪くなくてよかったなとか、あそこに危ない所があるから他の人
に注意してあげられるようになったとか、そういう考え方の切り替えはいくら
でもできると思うので、それがレースでも生きるのです。例えば、「給水が摂
れなかった。だけど自分のボトルに入っていなかったゼネラル・テーブルの新
しいアクエリアスが飲めた。これはよかったかもしれない」。その切り替え方
はいくらでもあるので、これはレースにも生きてきます。ぜひ普段の日常から、
市民ランナーの方にもポジティブ・シンキングのトレーニングをしていただけ
たらいいなと思います。打越コーチはその辺を意識して指導をされていますか
ということなのですがどうですか。

打越忠夫：全く意識をしていません。吉田選手と出会った時に私は吉田選手の
ことを全く名前も実績も知らない状況でした。後から調べてみたらこういう過
去がある。ドーピング問題や実績も素晴らしいものがあったということもその
後に知った訳です。それ以降、特に過去の実績とか過去の練習は全く意識もし
ないし、それが彼女にとってプラスになったかもしれないけれども、今後行う
練習に関してはすべて私が立てて、それをやってもらう形でやってきました。

増田明美：巡りあわせで二人はいいコンビですものね。キャラクターもすごく
合っています。ドーピングは２年間出場停止になりましたけれども、私はあれ
を見ていて彼女らしいなと思ったのは、前にいたコーチが風邪薬みたいなサプ

リメント的な感じでやっていたのだけど、彼女は一言も何も言い訳をしなかったのです。苦しかっただろうなと思いながら言い訳しないのを見ていて、今言ったように根に持たないB型だったからでしょうね。私はAB型だけど思い切り根に持ちますからね。絶対にちゃんとそれを証明したいと思うキャラですから。でも、偉かったです。こうして打越さんとまた一緒にできてよかったですね。男性の指導者で、実業団でトップでやっている人は、本当に女子の選手のことを知らないのです。

吉田香織：女子の選手も女子の指導者も男子のことをあまり知らないとか、男子と女子をすごく差別化するので、わからないところが多いです。

亀井克之：ありがとうございます。今日のセミナーもゴールの42.195 km まで来ました。では最後に今後の抱負ということで、吉田選手、打越コーチ、そして増田さん、それから西山先生、杉本先生もお一言。杉本先生は質問がもうひとつ寄せられているのですが、時間がないのでラジオの方でお願いします。

打越忠夫：私自身の抱負としましては、今年度もしくは来年度にマラソンを走るということ。あ、違いますね。吉田選手ですが、来年度の世界陸上がイギリスのロンドンでありますので、その代表権獲得を目指して今後やっていきたいと思います。会社としましてもまだ立ち上げたところなので、一人でもしっかり社員としてランナーとしてアスリートとして、我々がみる環境を作るということが第一かと思います。

吉田香織：打越コーチからありました通り、来年の世界陸上に向けて「さいたま国際マラソン」を皮切りに選考会が始まりますので、そこでしっかり成績を残して2017年のロンドン世界陸上で日本代表、そしてしっかり世界と戦うことが今の目標です。「さいたま国際マラソン」は地元なので走るのですけれど

第4章　市民ランナーの星はいかに誕生したか（吉田・打越・亀井・増田）

も、「大阪国際女子マラソン」の方も出場しますのでぜひ現地で応援していただけたらと思います。よろしくお願いします。

亀井克之：増田さんも今後の活動の抱負をお願いします。

増田明美：私は、吉田香織さんにぜひ世界陸上に出てほしいです。そのためにお願いがあります。市民ランナーの方々と練習するでしょう。そのあと飲み過ぎないでください。飲み過ぎると疲れが溜まりますから。サービス精神が旺盛で全部付き合うから、それは控えないとだめです。私のこれからのお願いは、この会をここでまたたくさん開いてほしいです。こんなに聞いていて勉強になる会はないですので、今後ともよろしくお願いいたします。顔見知りも増えました。2回お会いしている方もご夫婦で何人かいらっしゃいますので、またよろしくお願いいたします。ありがとうございました。

西山哲郎：どうもありがとうございました。私は残念ながら東京オリンピック、パラリンピックに呼んでいただけるほど偉い先生ではないので、先ほど増田さんがご紹介になりました2021年に関西でマスターズ・ゲームというのがあります。そちらは若干関係しているものですから、ちゃんとレガシーを残せるように関わっていきたいと思います。

杉本厚夫：貴重な時間をみなさんとご一緒させていただいたことを、非常に感謝申し上げたいと思います。現役の方のお話とか増田さんのお話、西山先生のお話を聞いていると、やはりまだまだ日本のスポーツ界は捨てたものではないと思います。私が考えているのは関西大学として何ができるのかということを考えていかなければいけないと思います。大学という研究・教育機関がスポーツの健全なあり方について発言していくことがすごく大事だろうと思っています。そういった意味では、我々はこれから研究を続けていって豊かな市民ス

ポーツが育っていくオリンピックにしていきたいと思います。みなさんからの忌憚のないご意見をいただきながら進めていきたいと思いますが、どうぞよろしくお願いいたします。

亀井克之：本日は平日の午後に、それから台風という中、お越しいただきましてありがとうございました。多くの方が聞きに来てくださって感謝しております。それから高瀬所長をはじめとする経済・政治研究所のみなさまには、こういうセッティングをしていただきまして、どうもありがとうございました。

　関西大学は11月4日に130周年を迎えますので、今後ともどうぞよろしくお願いいたします。また、このようなセミナーをいたしますので、よろしくお願いいたします。どうもありがとうございました。

注記

1）逆境を乗り越えて打越忠夫選手が5位入賞した1993年シュツットガルト世界陸上について

　1993年8月にドイツのシュツットガルトで開催された世界陸上競技選手権大会の男子マラソンにおいて、打越忠夫選手（雪印）が2時間17分54秒のタイムで日本人トップの5位に入賞した。

　打越選手は3人の代表選手の中で自己ベストが最も遅く、代表選考においても2人がすんなり決まった後に、議論の末3人目となっていた。日本代表は全体として下馬評が高くなかった。当時の新聞記事を見てみよう。

　「日本選手は本田竹春（NEC・HE）、早乙女等（NEC）が2時間11分台、打越忠夫（雪印）は2時間13分台がベスト。力不足は否めず、よほどの遅い展開にならない限り、入賞はかなり厳しいだろう」（『朝日新聞』1993年8月14日付）「代表を2人にする案もあったが、若手を育成する目的で3人を選んだ。早乙女、本田はすんなり決定。打越と、びわ湖毎日大会で七位になった篠原太（天満屋）の成績が検討されたが、若手育成の方針から打越に決まった」（『毎日新聞』1993年3月28日付）（3人の代表）「いずれも、粘り強さを発揮しての8位入賞を狙う」（『毎日新聞』1993年8月12日付）

　こうした状況で、打越選手は5位入賞を果たした。実は、レース終盤の残り数キロの地点で足が痙攣し始めたそうだ。このとき打越選手はとっさにゼッケンを止める安全ピンを使って足を刺激したところ、無事に走り続けることができたそうだ。また海外で当時はまだ牧歌的で、ゴールの競技場に入ってきたときに、観衆の中から知っている人が飛び出して来て、「がんばれ」という感じで背中を押されたそうだ。（2016年12月4日いすみ健康マラソン会場におけるご本人への聴き取りより）

　なお、この大会の女子の部では浅利純子選手（ダイハツ）が2時間30分3秒で優勝している。

2）吉田香織選手が2016年の女子世界チャンピォンに輝いたWings for Life World Runについて

　Wings for Life World Run は2014年から開催されている世界規模のランニングイベント。「世界中でランナーが一斉に走り出したら」。このアイディアがまさに実現した。Wings for Life World Run では世界標準時午前11時（日本時間20時）に世界各地の会場で一斉にランナーがスタートする。2016年は33か国の会場で13万人のランナーが同時にスタートした。この大会では、スタート地点から走ってくる「キャッチャーカー」と呼ばれる車に追い抜かれた時点で終了となる。いわば移動するゴールライン。ランナーと車いすランナー、初心者も熟練ランナーもキャッチャーカーに追い抜かれないように一緒に走る。キャッチャーカーはランナーがスタートした30分後に追走を開始する。キャッチャーカーに追い抜かれずに一番長い距離を走ったラン

ナーが優勝となる。

　この大会は、脊髄損傷治療法の研究に資金援助を行っている非営利団体「Wings for Life 財団」への支援を目的としている。したがってランナーが支払う参加費（日本では 6500 円）の全額が財団に寄付される。脊髄を損傷して走ることのできない人たちのためにランナーは走る。

　日本では 2016 年の大会は 5 月 8 日に滋賀県の高島市で開催された。スタート時刻は 20 時。反射タスキとヘッドライドを装着した 1000 人のランナーが真っ暗な道を走った。女性ランナーで、世界で最後にキャッチャーカーに追いつかれたのは日本の吉田香織選手だった。記録は「65.71 キロ」（4 時間 22 分）で、女性の世界チャンピオンに輝いた。（『RUNNING style』2016 年 8 月号、pp.64-65 より）

3）「一般社団法人　アスリートサポート協会」Wingle（代表理事・打越忠夫）について
・一般社団法人　アスリートサポート協会の概要　（wingle.or.jp/asusapo.html より引用）

　「元実業団選手、非実業団選手の競技環境整備、セカンドキャリアの支援、ランニング強いてはスポーツ振興・復興を 1 目的とした事業です。

　2020 東京オリンピック、またその後に向けて、競技を続行したい選手と中小企業の橋渡しをしつつ、選手を各企業様の PR をできるような人材に育成し、将来のキャリアを考えながら競技を続けられる環境を作りたいと考えています。

　また、各企業・自治体などの健康増進に向けたプログラム・イベントなどのサポートを行うことで地域創生や企業と選手間の相互理解を促進し、スポーツの力で日本の元気をサポートしていきます。」

・代表理事・打越忠夫氏の挨拶（http://wingle.or.jp/greeting.html より引用）

　「当協会は、多くの市民ランナー・アスリートの夢や希望を叶えるために皆様方と協力しながら成長していきます。

　思い半ばでトップアスリートの道を断念された方、あるいはまだまだ能力を出し切れていない方々のために是非、私達と一緒にこれからの競技人生を楽しんでいきましょう！

　この新たな一歩を踏み出す勇気を持って行動し、私達と一緒に皆様の思いを成し遂げましょう！」

・理事の吉田香織選手は 2016 年 7 月 25 日放送の「岩本勉のまいどスポーツ」に出演し、ご自身の体験から同協会の意義を次のように語っている。（http://www.joqr.net/blog/maido/archives/2016/07/post_392.html より）

　「今までは、実業団をやめると競技が終わり──という選手が多かったんです。でも、競技を続けられるというのを後輩たちに伝えたいし、実践して欲しいので、その手助けができる協会を作っています」　　　　　　　　　　　　　　　　（文責：亀井克之）

第4章　市民ランナーの星はいかに誕生したか（吉田・打越・亀井・増田）

章末資料① ランニングイベントの新しいスタイル

大学×体育主事×研究所
地域社会×市民ランナー×学生
現役選手×指導者

関西大学の知財・人材・施設を地域社会に還元するスポーツ・文化活動を展開する「関西大学カイザーズクラブ」が中心となって2016年10月5日にランニングイベントを開催．

昼休みの時間帯に、大学のグラウンドに、地域の方、市民ランナー、学生が集って、現役マラソン選手の吉田香織さんとコーチの打越忠夫さんから指導を受ける新しい試み．

「台風18号の影響が心配されましたが、関西大学経済・政治研究所×関西大学カイザーズクラブ×保健体育主事会主催のランニングイベントが無事終了いたしました．中央グラウンドに集まった50名を超える市民ランナーと関大生が一緒にランニングを体験しました．途中体験したサーキットメニューでは皆が声を掛けあい、和気あいあいとしながらも、真剣にイベントを楽しむ姿が印象的でした」
（関西大学カイザーズクラブのWEBサイトより）

走りながら
ストレッチ

基本練習から→

「2つの軸で走りましょう．
1つの軸で走ると体の
安定性が悪くなります」

→全力疾走まで

この後、参加者を待っていたのは
地獄の「タバタ」式トレーニングだった...

99

章末資料② 「タバタ」式トレーニング

シンプルな動作をリズミカルにかつすばやく繰り返すトレーニング．
20秒間の運動と10秒の休憩を繰り返し「これが限界」と感じるまで追い込む．

①プッシュアップ：腕立て伏せ
②もも上げ
③ジャンピングランジ：足を入れ替える
④マウンテンクライマー：足を入れ替える
⑤バービー：しゃがむ→足を伸ばして
　　　　　　腕立て→しゃがむ→ジャンプ
⑥スケーターランジ：スケーターのように
　　　　　　　　　　左右に跳ぶ

（20秒間の高強度運動＋10秒間の休憩）
×8セット＝4分間（追い込めれば2分でも可）

☆リズミカルに
　速く体を動かす
☆限界まで追い込む
☆1週間に2回は行う
☆最低1日は
　　間をあけて行う

モデル：鈴木愛理

引用・参考文献
田畑泉『タバタ式トレーニング』扶桑社，2015年
RUNNING Style, 2016年10月号, 22-25頁
RUNNING Style, 2017年3月号, 54-55頁

打越忠夫コーチによる「タバタ」式トレーニング指導 （2016年10月5日　関西大学グラウンド）
この日は①スケーターランジ→②ジャンピングランジ→③バービー→④開脚ジャンプ

各（20秒運動＋10秒休憩）
　　　　×4セット
仮想「30キロの壁」
限界まで追い込む

第3部
ディスカッション

第 5 章 「スポーツ文化から 2020 を考える」

増田明美・杉本厚夫・西山哲郎
尾久裕紀・亀井克之・吉田香織

関西大学　経済・政治研究所　平成 27 年度第 9 回公開セミナー
「市民マラソンと地域社会　―スポーツ文化から 2020 年を見直そう―」

日時：2016 年 3 月 24 日（木）13：30～16：30
会場：関西大学東京センター大教室
総合司会：西山哲郎
　　　　　　（スポーツ・健康と地域社会研究班研究員・関西大学人間健康学部教授）

第 1 部・研究報告
【報告 1】「地域振興型マラソン大会の可能性―いすみ健康マラソンの事例」
　　増田明美
（スポーツ・健康と地域社会研究班委嘱研究員・大阪芸術大学芸術計画学科教授）
　　特別ゲスト
　　　吉田香織（チームランナーズパルス、第 1 回さいたま国際マラソン準優勝）
【報告 2】「市民マラソンは都市を活性化するか―大阪マラソン共同調査
　　　　　が語ること」
　　杉本厚夫（スポーツ・健康と地域社会研究班研究員、人間健康学部教授）

【コメント1】「メンタルヘルスの視点から」

　　　尾久裕紀（スポーツ・健康と地域社会研究班委嘱研究員、大妻女子大学教授）

【コメント2】「リスクマネジメントの視点から」

　　　亀井克之（スポーツ・健康と地域社会研究班主幹、社会安全学部教授）

第2部・ディスカッション　スポーツ文化から2020年を見直そう

第1部　研究報告

亀井克之：みなさま、こんにちは。本日はお足元の悪いところお集まりいただきましてありがとうございます。私たちは大阪にございます関西大学経済・政治研究所の「スポーツ・健康と地域社会研究班」から参りました。

　では今日の総合司会者として関西大学人間健康学部の西山先生にマイクをお譲りしたいと思います。よろしくお願いいたします。

西山哲郎：初めまして、西山と申します。今、亀井先生からご紹介いただきました。私の専門は「スポーツ社会学」ということになります。簡単に言いますとスポーツというものを競技者の視点からだけではなく、それを見る人、あるいはボランティアで支える人、いろいろな方がそれに対して楽しめる、スポーツから幸せを広げていくようなことをできないかということを研究課題としております。どうぞよろしくお願いします。

　それでは私の方から今日のメンバーをご紹介させていただきます。まず当然皆さんご存知かと思いますけれど、スポーツ解説者であり、現在は大阪芸術大学の教授でもいらっしゃいます増田明美さんです。よろしくお願いします。

増田明美：よろしくお願いします。

第5章 「スポーツ文化から 2020 を考える」（増田・杉本・西山・尾久・亀井・吉田）

西山哲郎：引き続き関西大学の人間健康学部教授である杉本厚夫さん。今日は「さん」でご紹介したいと思います。よろしくお願いします。

杉本厚夫：よろしくお願いします。

西山哲郎：引き続きまして、こちらも皆さん良くご存知かと思いますけれど、今回のリオオリンピックのマラソン選考会で最後まで候補に残っておられました吉田香織さんです。よろしくお願いします。

吉田香織：どうぞよろしくお願いいたします。

西山哲郎：それでは次に、医学博士でいらっしゃいましてメンタルヘルスをご専門にされている尾久裕紀さんです。

尾久裕紀：どうぞよろしくお願いします。

西山哲郎：それでは以上のみなさんに、私と亀井さんを加えた6人で今日のシンポジウムを展開していきたいと思います。早速ですけれど、第1部・研究報告のところで増田明美さんと吉田香織さんに、競技者としてではなく、いろいろな市民マラソンに関わっている経験をお話しいただこうかと思います。どうぞよろしくお願いします。

増田明美・吉田香織：よろしくお願いします。

報告1:

「地域振興型マラソン大会の可能性―いすみ健康マラソンの事例」

 増田明美

  （スポーツ・健康と地域社会研究班委嘱研究員、大阪芸術大学芸術計画学科教授）

 ゲスト 吉田香織

第5章 「スポーツ文化から2020を考える」（増田・杉本・西山・尾久・亀井・吉田）

増田明美：みなさんこんにちは。今日は関西大学のこのような研究発表会にようこそおいでくださいました。ありがとうございます。会場にはお母さんたちも来てくれて。

吉田香織：私の母もランチがてら東京観光に来ています。

増田明美：お友達と一緒に。私だけだったらこんなに集まらないわ。たくさんブログなどでも宣伝していただいてありがとうございます。
　ここに紹介させていただいているように今、関西大学の「スポーツ・健康と地域社会研究班・委嘱研究員」をさせていただいていまして、1回目は無難に発表したのです。でも私、思ったのです。東京で行う時にはこのアカデミックなこの空気にふさわしい人は私の後輩では香織ちゃんだけなのです。声掛けさせてもらいました。本当は今、忙しいでしょう？

吉田香織：マラソンシーズンもひと段落しまして大分落ち着きました。4月17日開催の長野マラソンを走るのですけれど、そちらに向けてのトレーニングは残っていますが、市民ランナー事業の仕事の方は一旦落ち着いています。

増田明美：ラジオもしたり、書いたり、走ったり、忙しい中で。この前の選考発表、マラソンは終わりましたけれど、お母さんの晴代さんが私のところに電話をかけてきて、「増田さん、28分だからタイムでもう無理かと思ったけれど、選考の福士騒動があるたびに香織の写真がいっぱい映るのです。あれだけで十分だわ」と、お母さんも謙虚な方です。私も嬉しかったのです。さいたまで日本人トップになったから、本当にリオの顔ぶれの中で堂々とアピールしてください。今は**市民ランナーの星**は川内優輝さんと吉田香織さんです。後ろにはフォレスト・ガンプみたいにいっぱい従うものがいますから、今日も仲間がいっぱい来て下さっています。「いすみ健康マラソン」にも毎年ゲストで、妹

107

ですから、毎年来てくれているのです。本当のゲストは毎回、毎年変わるのですけれど、吉田香織さんは特別ゲストで毎年ですよね？

吉田香織：毎年呼んでいただいています。

増田明美：今、都市型のマラソンは、大阪マラソンは大人気で抽選が６倍くらいで、東京マラソンも大人気です。北陸新幹線ができたら富山マラソン、金沢マラソンができました。全国に市町村の数だけマラソン大会があると言いますが、1700くらいって本当かしら？

吉田香織：そうなのですか？そこまでかどうかわからないですけれど、かなり増えています。それこそ北海道新幹線も今週末始まりますけれど。北海道も函館マラソンですとか、第１回大会がどんどん増えるというお話も聞いています。

増田明美：それでどんどん地域が活性化されていくのはいいのですけれど、何せマラソン大会がいっぱい増えるから、ランナーも分散してしまっているのです。人が集まらないところも出てきているそうです。実は今日初めて言いますけれど、香織ちゃんが毎年来てくれている「いすみ健康マラソン」は、10km、5kmもありますけれど、メインはハーフマラソンです。全国ハーフマラソンの部でランナー人気１番。ありがとうございます。ちゃんとデータがありますから、ハッタリで言っているわけではないのです。ランナー達が感想を書く掲示版のRUNNETで点数も出るのです。皆さん調べてください。ハーフマラソン、「いすみ健康マラソン」が全国で１位です。何がよいのかといろいろ考えたら、大阪や東京は都市型のマラソンで、都会の目抜き通りの景色を数えながら走って、サービスも豊かで、いろいろなステージも多くてというのがあるのですけれど、いすみの場合には、「田舎」が売りなのです。多分皆さん今疲れている方が多いんじゃないかしら？うちに癒しに来るのです。

108

どうですか？香織ちゃん、毎年参加して。

吉田香織：本当に田舎なのです。明美さんが「畦道に落ちないように気を付けてくださいね」とスタートを見送るのですけれど、そのくらい本当に田んぼ道を走るのです。応援する人が少ないので、「今年は案山子を増やしました」なんて言って皆から笑いを取っていましたけれど。案山子がいっぱい出ているのが本当によく似合う田舎な風景に、とても癒されました。

増田明美：埼玉から言われたくないけれど。香織ちゃんのところも結構な田舎で、でもいすみの方がすごいでしょう？

吉田香織：いすみの方がすごいです。JRで特別急行を出してもらわないと行くのが大変なのですよね？

増田明美：大変なのです。どのくらい田舎かということを今お見せします。「地域振興型マラソンの可能性」ということで、私の故郷です。「千葉県いすみ市健康マラソンの事例」を発表させていただきます。
　都会にお住まいの方も多いと思うので「いすみ市はどこか？」と思われるでしょう。そこなのです。よくチーバ君で出てくるこの形、千葉県のチーバ君のお尻の辺りです。九十九里浜の南端の方なのです。電車で行く人来る人などは東京からずっと千葉を通ってくるわけです。車で来る人はアクアラインなどでキュッと来るだけなのです。東京から電車で70分。たったの70分なのですけれど、来てみると香織ちゃんが言ったみたいに本当に田んぼばかり。だから私たちのテーマは「身近な田舎」と言っています。いすみ健康マラソン、身近な田舎です。潮の香りがしなかった？

吉田香織：しました。風が吹くとほんのりと磯の香りと、それから田んぼなら

109

ではの土の香りと。

増田明美：だから千葉って分かりやすいよね。「千葉に美人は少ない」って言うけれど、分かるよね？千葉の匂いがしたでしょう？千葉は元気なのですけれど、あまりきれいな人がいないのです。いすみ市、これが私の故郷のゆるキャラです。皆さん写真を見てください。田んぼばかりでしょう？家が少ないのです。高齢化率も人口が4万人なのですけれど、33.2％。テレビで紹介された時に、「いすみだ！」と思って喜んだのですけれど、何てことなかったです。月10万円以下で暮らせるということで紹介されました。海の幸も山の幸も豊富です。香織ちゃん、このキャラクター「いすみん」はどうでした？

吉田香織：実際には見かけていないのですけれど、あちらこちらにキャラクターが描かれていまして、皆さん写真を撮られていましたけれど、可愛い梨と伊勢海老もいすみの名産だということで。

増田明美：よく分かりましたね、伊勢海老。ザリガニではないですよね。伊勢海老は伊勢と同じくらいの捕獲量なのです。何年か前に爆風スランプのサンプラザ中野さんとパッパラー河合さんがゲストで来てくれて、田んぼの中で「Runner」を歌ってくれました。その時にサンプラザ中野さんが、このキャラクターを見て一言。「方向性が定まってないね」。何か詰め込み過ぎたのですね。これもあか抜けないんだよ、うちの方ってセンスってものがないから。「もう全部入れちゃえ」って感じで。香織ちゃんが言ったみたいに梨です、頭は。伊勢海老でしょう、稲穂があるでしょう。サーファーなんかも多く集まって、うちの方はキムタクと工藤静香さんが愛を育んだ場所でもあるのです。台頭岬が近くて、波が荒くて、サーファーなども来ていて。詰め込んでいるね。「いすみん」こんなキャラクターです。

第 5 章 「スポーツ文化から 2020 を考える」(増田・杉本・西山・尾久・亀井・吉田)

吉田香織：欲張っていますね。

増田明美：会場の皆さんにも大会に来て下さった方がいるかもしれないですね？

吉田香織：参加された方いらっしゃいますか？

増田明美：椎川さん、来てくれた？ありがとう。前の方も。ありがとうございます。香織ちゃん、椎川さんを紹介してください。

「いすみん」

吉田香織：この間の「いすみ健康マラソン」の時に増田さんを通じて紹介していただいたのですけれども、地域活性化センターの理事長を務めていらっしゃいます椎川忍さんです。

増田明美：椎川さん、本当にお忙しい中ありがとうございます。椎川さんは「地域活性化の伝道師」というニックネームをつけられているくらいの方で、今日は本当にありがとうございます。後でまたマイクを回しますので。

　結構全国でマラソンの大会が新設されていますが、とても努力があるみたいです。2008 年からこの「いすみ健康マラソン」が始まって 8 回が終わりましたけれど、マラソン大会をするのは大変だとずいぶん言われているのは私も知っていました。何が大変かと言うと、マラソン大会を新設するときの課題は大きく言うと 3 つあるのです。まず、**交通規制**の問題。多分そういう関係者の方々、武藤さんなんかも来て下さって、どんなに大変かとよく分かっている方が多いと思います。おまわりさんに許可を取るという、この交通規制の問題。国道を止めたり、踏切や商業施設等の関係もありますから、交通規制の問題があります。それから**予算**の問題。自治体の負担になりますから、お金は大きい

111

です。綺麗事だけを言っていられないということです。あとは運営です。スタッフの確保。人手がたくさん必要です、猫に頼むわけにいかないですから。

　こういう課題があると知っていたのですけれど、「いすみ健康マラソン」というのは運が良かったのです。8回終わりましたけれど、どういうふうに生まれたかというと、この話は知っている？「いすみ健康マラソン」は実はその前の年、2007年の夏、私が故郷に講演に呼ばれました。やはり故郷だからお金を取るわけにいかないとボランティアみたいな感じで行ったのです。そうしたらその夜、市の方々が一席設けて下さったのです。懇親を深めましょうということでお酒を飲みながら、ビールを飲みながら、椎川さんなんか日本酒でしたけれど、飲みながら親睦を深めたのです。その時に市長さんから、3つの町が合併してから1年半後の2007年の夏、飲んだ席でいろいろと「合併は本当に結婚と一緒だけれど離婚するわけにいかない」と。「結婚は離婚ができるじゃないですか。でも合併は」と、そんな話で盛り上がったのです。3町合併した町が上手くいくためにどうしようかと話をしていたところ、「マラソン大会はどう？」「全国でもマラソン大会をしていて、マラソン大会を通して皆で力を合わせて運営しながら、コース作りなどをしていって、どんどん交流が深まっていくんじゃないかしら？」と。「小学生などにもいっぱい参加してもらって、元気よく大会を開くのはどう？」ということで盛り上がったのです。そうしたらこの懇親会の席に警察署長がいたのです。いすみ市の警察署長。春日さんといって、今でも名前を覚えています。春日さんという人が「いいね！」と。もう日本酒を3杯くらい飲んでいましたけれど、「いいね」「やろうよ」と最初に言ったのです。「おまわりさんがOKって言った」と私は嬉しくなってしまいました。でも「言いましたよね？」「言いましたよね？」と何度も確認したのです。そしてあとは市の体育協会の会長さんもいらっしゃって、米本さんという方でした。お亡くなりになってしまいましたが。この方も「いいね」と。そして市長さんも「いいね」。私も52歳なのですけれど、この年になると香織ちゃん、あとは故郷ね。

112

第 5 章 「スポーツ文化から 2020 を考える」（増田・杉本・西山・尾久・亀井・吉田）

吉田香織：故郷にどれだけ貢献できるかですね。

増田明美：故郷にどれだけ恩返しができるかなのです。「よしやろう」と決まってしまった。もう皆さんお分かりですか？ 2008 年の 12 月に 4 人で、これはお酒の勢いで決定しました、「いすみ健康マラソン」第 1 回大会。私も春日さんという警察署長さんが結構飲んでいたので、やはり不安で、不安で、次の日に電話したのです。「春日さん、本当に大丈夫ですか？」と言ったら「うん」と静かな声で。その方はすぐに転勤になってしまったのです。「またこれで 0（ゼロ）に戻っちゃうかしら」と思ったら、次の人に引き継いでくれていました。

吉田香織：よかったですね。やはり警察が一番大変ですから。警察署は署長さんも結構毎年変わるのですよね。

増田明美：東京マラソンなども当時の石原元都知事の鶴の一声で開催となったけれど、本当に親分がああいうふうに言ったからだと思います。あと 20 年かかると言われていましたから。やはり警察の力です。「いすみ健康マラソン」の特徴は先ほど香織ちゃんも話してくれたのですけれど、田んぼの中を走るフラットなコース。ハーフ、10 km、5 km、ウォーキング。最近ウォーキングの部などの参加も多くなっているのです。

吉田香織：多いです。明美さんのお父様、お母様もウォーキングの方で参加されていました。

増田明美：時にはゲストに俳句を作る黛まどかさん、お友達なのですけれど、彼女と一緒に俳句を作ろうということで、ウォーキングしながら畦道なんかを詠んだり、そういうテーマ性を持ったりして行っています。あとは「いすみ健

113

康マラソン」が喜ばれているのは、割合からすると女性の参加が多いのです。他の大会と比べると女性が圧倒的に多い。どうしてかというと、女性が着替える場所がきれいなのです。岬町のふれあい会館を使っているのですけれど、そこで女性の更衣室は畳 100 畳。畳 100 畳をどうぞと貸しています。あとは全ランナーたちにふれあい会館のお客様席を開放して、寒い 12 月ですから温かい暖房を入れて、「どこを使ってもいいですから」と言っています。やはり着替えたりする場所がきれいというのは人気があります。女性たちがそれで安心して来ることができます。

吉田香織：そうですね。女性は更衣室とお手洗いは気にしますから。きれいなところがいいと思います。

増田明美：でも、香織ちゃんのは特別綺麗だったんだよ。

吉田香織：本当に、ゲストランナーは控室がありました。

増田明美：応接室で。お手洗いなどもふれあい会館の中のトイレなので、綺麗なところを使っていただいて。それでも足りないから仮設トイレも出していますけれど、でもやはり女性はその中のトイレというのも人気なのです。私もこういう大会を主催する側になって味わっている喜びなのですけれど、選手の頃は自分がプレーヤーだったからどういうふうに運営してくれているか分からなかったのです。でも今行ってみて、スポンサーに頭を下げに行くのが結構大変なのですけれど、「OK」と言ってくれた時の喜び。頑張りました。JR 東日本さんにお願いしましたら、最寄りの駅は各駅にしか停まらなかったのですけれど、「東京や神奈川からいすみに来てくれるのなら、長者町という駅に各駅停車だけだったら可哀想だ。特急を停めます」と。当日に特急を今は 6 本停めてもらっているのです。そのうち 1 本が臨時列車で、「特急いすみマラソン号」

というのを出して下さって。ランナーの方々はそれで来ると両国辺りからでも楽にいすみまで来ることができて、楽に帰ることができます。帰りはビールなんか飲みながらお友達と一緒に帰っていくという。こういう JR 東日本の協力も大きいです。東京駅などにもポスターをいっぱい貼ってくれています。最近は「いすみ」という名前を覚えてくれていることが多いです。香織ちゃんもこれがあったから「いすみ」って。

吉田香織：そうです、意識するようになって。

増田明美：いすみは本当に来てみるといい所なのだけれど、10 万円以下で暮らせるというような、それまではあまり知らなかったみたいです。本当にマラソン大会の宣伝効果というものは高いと思います。特徴は沿道の応援が少ない。これはどうしようもないです。香織ちゃんが先ほど言ってくれたみたいに、ご高齢の率が多いので、おじいちゃん、おばあちゃんも前日までは「明日、応援に行こう」と思っているらしいです。有線放送をしますから。明日は「いすみ健康マラソン」。応援する気満々らしいのです。ところが当日寒かったりすると引っ込んでしまうのです。「やめた」と。ランナーの RUNNET にも唯一これからの課題、「もっと沿道に人が出てくれたらいいのに」と言われていて、さっき言ってくれたように案山子を並べるようになったら、あれは今、案山子が名物になっているのです。

吉田香織：あれでコンテストなどをしたらさらにいいかもしれません。

増田明美：人の分案山子が活躍しているという、そういう大会なのですけれど。これが 8 回終わった時点で全国の大会、フルマラソンと全部合わせても 25 位以内に入っています。しつこいようですけれど、ハーフマラソンの中では全国 1 位。またまた自慢しちゃいますけれど、県で行っているアクアラインマラソ

ン、360度海の、海の中を走るようなパノラマの。あのアクアラインマラソンが25位に入っていない。

吉田香織：勝っちゃいましたか？

増田明美：勝っちゃった。嬉しくて、嬉しくてしょうがなくて。あとはQちゃんが岐阜で行っている「ぎふ清流ハーフマラソン」、あれをいつも気にしているのだけれど、入っていないのです。
　そんな訳で評判がいいのです。やはり中途半端でないのがいいのです。「田舎」、「癒しの里」、「皆さん、疲れを取りに来てください」と、それ一色でしているのがいいです。中途半端はダメですね。

吉田香織：そうですね、隠してはいけないですね。

増田明美：大会の決算なども毎年出すのですけれど、結構安いのです。参加料、ハーフが3800円。5km、10kmが3300円、前日に開催する小、中、高校生は800円。これは皆さんいろいろな大会に行かれている方が多いと思うのですが、安いでしょう？アクアラインマラソン、びっくりしちゃった。ハーフマラソンが9000円。それはしょうがないですよね。海の上、アクアラインを走りますから、警備してもらったりするわけです。こちらは3800円。安いのです。計測にお金が掛かりますから、計測に1000万円くらい掛かってしまっているのです。だいたい皆さん3800円ですけれど掛かっている分は1人4000円くらい掛かっていて。お得なのです、うちの大会。それでも参加料だけで賄っていけてしまう大会なのですけれど、自治体から何百万か出ているのです。それは何故出ているかというと、子どもたちのため。子どもも小学生、中学生、高校生。小学生なども700人位全部で走りますけれど、計測器をつけて走るのです。生意気なのです。私の時代はまだまだタイムを取ってくれたけれど、今は一丁

第5章 「スポーツ文化から 2020 を考える」（増田・杉本・西山・尾久・亀井・吉田）

前に小学生が、皆タイムが記録に残るのです。あれが1人1000円くらい、計
測器に掛かってしまう。小学生は何年か前までは参加費がワンコインだったの
です。500円だったのですが、ちょっとそれだとやっていけないと言って300
円上げたのですけれど、それでも自治体からの支援は小学生に出ています。
800円の参加料の中にTシャツも入っています。やはり子どもは未来ですから。
私も地域の恩返しというのは地域が元気になるのがうれしいけれど、やはり子
どもたちが、全国から来たランナー達、ましてやライバルがいっぱい来る中で、
東京からも大阪からも北海道からも速い人が来る中で、1等賞だけカップ、増
田明美杯があげられるのです。あれが欲しくてしょうがなくて、今いすみの子
が10番に入らなくなってしまったのです。

吉田香織：そうですか。

増田明美：だけれどそういう子どもたちがここを目標にして頑張るということ
がいいと思っていますから、この辺に力を注いでいます。香織ちゃんも子ども
と一緒に走ってくれたね。子どもたちの地域別参加者というのが全国各地から
来てくれています。JRの利用率も多くて。皆さんお手元にコピーがあります
か？ありがとうございます。JRの方々に協力してもらっているのですけれど、
いつもは長者町の駅は1日何十人しか降りない日もあるらしいです。それがこ
の日これだけ降りてくれれば協力しているというよりも、私たちと一緒にして
いるという感覚ですから、これからも頑張りましょうということでJRの方々
からも応援してもらっています。

　運営スタッフも市の職員や体育協会、消防団員さん、国際武道大学は勝浦か
ら来てくれるのです。警備をしてくれたり、走り終わった人の臭い足をマッ
サージしてくれています。あれは涙ぐましいです。また女性の会や青少年団、
サーフィンの組合とか、交通安全協会等々本当に皆で力を合わせて行っていま
して、だいたい1000人弱で運営しています。私も本当にこれを運営してみて、

117

今の喜びは皆と繋がっていけること。いろいろスポンサー集めもそうですし、場内アナウンスもプロを頼まないのです。いすみ市にある中学校、3つあるのですけれど、持ち回りで「今回は岬中学校の放送部がアナウンスしてね」「来年は国吉中」「次は大原中」と皆に舞台を作ってあげるのです、それぞれ発表する。婦人会の方はお花を作ってもらったり、勝ち虫のトンボを作ってもらったり、消防団の方々には力仕事を手伝ってもらったり。何かをしながら会合などを含めて皆がつながっていけることに今醍醐味を感じて行っています。そういうものがとても力になるね。

吉田香織：なります。

増田明美：最後のまとめです。地域経済効果です。これは正直に書きました。最初の目的だった合併後の「いすみ市のPR」になったかどうかと言えば、かなり「いすみ」ということを知ってもらいましたからPRになっています。

　次が問題。これが目標だったのですけれど、「旧3町の一体化」ができているか。実はちょっとこれが？（クエスチョン）なのです。本当は皆で力を合わせて行いたかったのですけれど、やはり交通規制の関係で昔の3町を跨ぐようなコースを作ろうと思ったら「国道はやはり通せません」ということで、大原という都会は走れなかったりします。そうすると交通規制のあまり心配のない岬町、私の故郷ばかり走るコースになってしまいました。「あれはいすみマラソンと言うより岬町マラソンじゃないか」と言う人たちもいます。そういう声があったから子どもたちの部を大原に持ってきたりなどいろいろ工夫もしているのですけれど、この一体化ということに関しては△です。

　何がいいか、体力作り。皆の、参加する方々の体力作り、支える方々の体力作り、健康づくり、元気作り。皆が元気になっていく。これはもう○。そして地域がそれぞれの役割分担でつながっていく。今◎です。そんなこと感じた？つながっている感あった？

第5章　「スポーツ文化から2020を考える」（増田・杉本・西山・尾久・亀井・吉田）

吉田香織：本当に市長さんだけでない、誰かが頑張っているというのでなく全体が頑張っているということが分かったので、それが本当に感じられました。

増田明美：地域活性化、経済効果は、1日はあるのです。ビールが売れたり、タコ飯が売れたり、伊勢海老スープを買って飲んでいってくれたり。1日はあるのですけれど、なかなかそれが続いていかないから、本当はもっと私のやり方で「前の日に来てください」としなくてはなりません。東京から70分で来られてしまうから泊まらないでしょう、皆さん。だけれど経済効果を考えたらツアーみたいなものを作って「前の日に来てください」。いすみ鉄道の町なのです。いすみ鉄道に乗って、「いすみの景色を電車に乗りながら一緒に楽しみましょう、その日泊まって下さい。翌日が「いすみ健康マラソン」ですよ」みたいな感じにしたいのですけれど、まだまだそこまではいっていないので、それを10回大会以降、目標にしていきたいと思います。

　経済効果はそうでもないですけれど、地域活性化という面では本当に皆が元気になって、自分が言うのもなんですけれど、成功していると思います。私の発表、「いすみ健康マラソン」の発表はここまでです。今度は香織ちゃん、いすみにも来てくれたけれど、香織ちゃんは他にもいろいろなところに行っていて、どう？

吉田香織：この「経済効果より地域活性化」というお話もあるのですけれど、やはり私も実業団の枠を外れて市民ランナーとして走らせていただいているのですが、前の会社等もそうなのですが、マラソン大会の運営側の仕事もさせていただいているのです。マラソン大会1回の収入を考えるのではなく、その地域を知ってもらってから、その後気に入って「合宿に行ってみよう」「家族や友達を連れてもう1回行ってみよう」と思ってもらえるように企画することが目的だと強く感じるのです。今度4月30日、福島県の川内村の方で「第1回川内の郷かえるマラソン」というものを開催するのですけれども、その大会は

川内小学校の6年生の男の子が、「村にたくさんの人を呼ぶにはどうしたらいいか」という話し合いの時に「マラソン大会を行ったらどうか」という提案をしたそうです。

増田明美：6年生が？子どもがしたんだ。

吉田香織：そうなのです。そこに大人が皆賛同して、どんどん膨れ上がって、4月30日の開催に辿り着いたのですけれど、私と川内優輝君、鴻輝君も鮮輝君も兄弟全員、皆で川内村を盛り上げようということで、ゲストランナーで呼んでいただいて行っているのですけれど、なかなかいろいろな壁があります。正直言うとやはり本当にへき地です。アクセスも非常に悪いですし、何より宿泊枠が全くないのです。「どうしましょう」という時に「民泊プラン」を考えたのです。田舎の家でもやはり布団がいくつか余っていたりするのです。「うちは2人までなら泊まってもらえますよ」というような、そういう応募をかけてみました。150人分くらいの枠ができたのです。

増田明美：民泊で？それはすごいですね。

吉田香織：それこそ昔は国体で民泊プランがあって。

増田明美：国体で民泊していましたね。高知県とか。

吉田香織：民泊プランも作ったのですけれど、日本人はホームステイの習慣がなかなかないのです。「逆に気を使ってしまうのではないか」とか、そういった意見が多くて、結局郡山や、スパリゾートハワイアンズに泊まって来られるという方の方が多くて、全部は埋まらなかったのです。ただ回を重ねるごとのその枠もだんだん埋まっていって、おじいちゃんおばあちゃんと仲良くなって、

120

第5章 「スポーツ文化から2020を考える」（増田・杉本・西山・尾久・亀井・吉田）

第2、第3の故郷みたいな感じに思ってもらえて、川内村にどんどん人が訪れてくれるといいなと思っているのです。そういう地域創成、いろいろ絡めてマラソン大会をしていけたらと今いろいろ工夫して行っています。

増田明美：川内村と言ったら福島で被災した場所ですよね？飯館村と並んでいろいろな面で、仮設住宅で暮らしていたり、ご苦労があったところだから。本当にそういうところを活性化するって、マラソンで元気づけるってとてもいいアイデアですね。

吉田香織：2020年東京オリンピックがありますけれど、これを契機に、スポーツの力はもっと大きいものだと思うのです。復興とか健康事業、医療費削減とかそういう大きいことも考えられると思うので、何かそういったことを、今日もいろいろお話が出るかと思いますけれど、話し合いをしていけたらよいなと思っています。

増田明美：いいですね。本当にいろいろな角度で気付いたことを言ってくれるのがありがたいのです。「いすみ健康マラソン」も椎川さんが来て下さったのは、懇親会の席で香織ちゃんが市長に向かっていいことを言ってくれたのです。「大会で安心してはいけない」と。

吉田香織：そうなのです。千葉県の富津市というところがありまして、そこが長距離、マラソンのトレーニングのメッカなのです。民宿に泊まって、5kmコースしかないのですけれど、その5kmコースを走るために本当にたくさんの実業団選手、大学生のチーム、箱根駅伝チームが訪れるのですけれど、「同じことをいすみも絶対できると思います」という話をしたのです。「交通の便はさほど変わらないのだし、モデルケースを少し勉強、見学させていただいて、5kmコースをしっかり1kmごとにポイントを打って、交通量の少ないコー

121

スをしっかり市が見つけて、ぜひ一緒に合宿地としての1つ成長をできたらいいと思うのですけど、「どうでしょうか?」という話を提案しました。

増田明美：そうしたらそれを市長が受け止めて、富津に負けないように「5kmのコースができたら皆合宿をしてくれるのだ」と今、計測しているのです。やはり合宿地になればいろいろな面で潤いますよね。そういう提言などもしてもらっていて、今日は地域活性化の伝道師の椎川さんが来て下さっていますので、よろしいですか?今のお話を聞いて感じた事でもいいですし、地域活性化について思われていることをお話くださいますか。

椎川忍：私も実は55歳の6月からか走るということを始めたのです。子どもの頃は全く走るのが大嫌いでしたが、他の運動ができなくなったので始めたのです。今、42回連続完走中です。フルマラソンは10回、ハーフや10kmを入れまして、出たら絶対棄権はしないという、そんなことをしています。もう今年63歳なので記録はどんどん落ちる一方ですけれど、いろいろなところに行って、年寄りですから前泊、後泊した方が楽なのです。日本全国よいところはリピートしてマラソン大会に行きます。ですから、そういう効果がとてもあると思うのです。いすみもこの間12月6日に参加させていただきました。本当におっしゃったとおりに都市のマラソンも素敵なのですけれど、田舎のマラソンもすごくよいのです。田舎の景色を見ながら走ると本当にリラックスします。それがとてもよいと思いますし、まさにフラットなのです。最近田舎へ行くと競技場が山の上を切って作ってあって、最後はすごい登りというところがあります、佐倉もそうなのですけれど。僕の住んでいる佐倉。熊本城マラソンも。最後にあんな急な登りだと素人はとてもじゃないけれど走れないのです。

　いすみはすごく安心して走れるコースです。それから帰りのJRの電車に市長さんと増田明美さんが、5～6本ですか、もっとですか?全部見送りしているのです、ホームで。こんなマラソン大会はないです、絶対に。

第 5 章 「スポーツ文化から 2020 を考える」（増田・杉本・西山・尾久・亀井・吉田）

増田明美：来てください、皆さん。

椎川忍：それにわりと近いから日帰りでもいけますし、若い方は日帰りでも十分いけると思います。先ほどの 5 km のコースの話は、あそこの「ヴィラそとぼう」の海岸縁に実は自転車道があるのです。そこをちょっと朝走ってみたのですけれど、途中まで舗装されていないところがあるのですけれど、あれをランニングコースにしてしまえば十分取れると思います。

増田明美：そうか、それ、言っておこう。

椎川忍：私は佐倉市に住んでいて、実は佐倉のマラソンに 2 回くらいエントリーしたのだけれど走ったことがないのです、都合がつかなくなったり、雨が降ったり。あそこは有森裕子コースとか、高橋尚子コースとか、やはりああいうものがあるとマラソンランナーは「行きたい」という気持ちになるのです。ですから吉田香織コースをぜひ作っていただいて。

増田明美：埼玉ね。私、いすみに作ってくれないのです。

椎川忍：明美杯はもうありますから。いすみは明美さんのところだというのは皆知っているので。オリンピックの候補になった吉田香織さんが練習しているなんていうところはなかなかないです。

増田明美：埼玉のあの辺りに。でも椎川さん、いろいろな場所に行かれていて、私に気を使わなくていいですよ、一番よいマラソン大会は走ってみた中ではどちらでしたか？

椎川忍：一番よいマラソン、やはり東京マラソンです。

増田明美：やはり東京、大阪って言ってほしかったわ。

椎川忍：残念ながら大阪は走っていないのです。

増田明美：今度走って下さい。

椎川忍：この間京都マラソンは走ったのですけれど、コースは取りにくいところを、北側しか走らさないので、無理に取ってしまっているので、河川敷のところもあるし、あちこち奥へ入っていって、登っては下ってくるのです。だからコースとしてはあまりいいコースではないです。でも京都の知名度、それから世界遺産のいろいろなお寺を見ながら走ることができます。だから皆カメラを持って途中で立ち止まってパチパチしています。

吉田香織：観光マラソンですね。

椎川忍：やはり東京マラソンは片側4車線の国道を日比谷公園から品川まで8車線ですから。あれを止めてしまうのですから、あんなマラソンはないです。それから私が昔勤務したところで、昔の毎日マラソンだった松江玉造、今はハーフです。あれも国道9号線という、一桁国道を止めるというのはなかなかないのです。これは先ほどの警察の交通規制が大変難しい。だから朝は国道を走らせて、帰りは河川敷とか。いろいろ苦労をしています、コースを取るのに。でもそれなりに皆さん一生懸命してくれて、先ほど言われた地域のまとまりができてくるのです。これはお祭りでも、他のイベントでもよいのだけれど、マラソンイベントは成功しやすいです。だって勝手に来て走って盛り上がって、「よかった、よかった」と言って、飲み食いして帰ってくれるのです。案外おもてなしの気持ちさえあれば成功しやすいイベントなので、地域がまとまりやすいのではないかと思います。

第 5 章 「スポーツ文化から 2020 を考える」（増田・杉本・西山・尾久・亀井・吉田）

増田明美：いいですね。今日はこの後このテーマでいっぱいありますから。本当にありがとうございます。またこれからもよろしくお願いします。

椎川忍：実は増田明美さんにはうちの地域活性化センターの「スポーツ拠点づくり推進事業」の委員をしていただいていて、いつも隣でペチャクチャしゃべっています。「いすみにも来て下さいよ」と言われて、ついに行ってしまったということなのです。

増田明美：でも私がこんなにいい発表をすると思っていなかったんじゃないですか？こういう研究もしていますから。

椎川忍：やはり見てよく分かりました。ありがとうございます。

増田明美：ありがとうございました。香織ちゃんと私の発表はこれで終わります。ありがとうございました。

吉田香織：ありがとうございました。

西山哲郎：どうもありがとうございました。私は増田さんのお話を昨年 10 月にも聞かせていただいたので、今日は 2 回目なのだけれど笑えるという、大変お話上手だと再確認させていただきました。

　それでは次は、うちの関西大学の杉本厚夫教授の方からお話しさせていただきます。東京マラソンに負けない大阪マラソンの宣伝をさせていただきます。どうぞよろしくお願いします。

報告2：

「市民マラソンは都市を活性化するか─大阪マラソン共同調査が語ること」

杉本厚夫氏（スポーツ・健康と地域社会研究班研究員、人間健康学部教授）

杉本厚夫：今ご紹介いただきました関西大学の杉本でございます。どうぞよろしくお願いいたします。増田さんはお話が上手なので、その後に話すのはいつも嫌なのですけれど。増田さんがされているのは「田園型」のマラソンですね。僕が研究しているのは「都市型」のマラソンで、「東京マラソン」とか「大阪マラソン」などです。その大阪マラソンについて今日はお話しさせていただこうと思います。できるだけ短い時間で話をするようにと言われていますので、簡単に進めていきたいと思います。

　今、増田さんもおっしゃいましたけれど、ある説によると日本におけるマラソン大会は1900ほどあるらしいです。大阪マラソンは第1回が5年前にありまして、この時は3万人のランナー募集に17万人の応募があったのですが、今は15万人です。やはり減ってきています。応募者が減ってきているということは、これからは大会の方が人を選ぶのではなくて、選ばれる大会になっていくということです。そのためには、大阪マラソンでないと味わえない特徴を示していかなくてはいけないということなのです。僕は大阪マラソンを研究して5年になりますけれど、その中で見つけた特徴を今日はお話しします。

　マラソンランナーの参加動機を調べてみますと、5つの変化を見出すことができました。1つ目は「画一化から多様化へ」、2つ目は「日常から非日常へ」、3つ目は「観ることからすることへ」、4つ目は「することから支えることへ」、そして5つ目は「孤立から一体へ」です。こういうふうに市民マラソンの変化を、ベクトルというか方向性で分析してみました。この5つの新しい傾向についてこれから話させていただきます。

　1つ目は「画一化から多様化へ」です。これまでのマラソンでは、記録や競争を目的に走ることが多かったのですけれど、最近はそれ以外の目的で走る人

第5章 「スポーツ文化から2020を考える」（増田・杉本・西山・尾久・亀井・吉田）

が増えてきています。大阪マラソンでは「グループ登録」をして、グループで参加することができるのですが、これへの応募が多いのです。同じ衣装を着てグループで助け合って走る、これが楽しみだということです。あるいは「ペア登録」で、恋人同士やご夫婦で走るという方もいらっしゃいます。それから「完走する」ということを目的にしていらっしゃる方もいますし、「仮装して走る」、「何かを記念して走る」という方もいらっしゃいます。このように都市生活の中で画一化された行動から解放されて、多様な目的を持った人々が1つの現象を創り上げる経験をすることで、異文化を受け入れる都市としての活性化をすると考えています。文化というものは基本的には画一化されてはならないのです。大阪マラソンのように、いろいろな目的を持った人が一堂に会してひとつの現象を作っていくことで初めてスポーツ文化になるのです。「健康のために走っている」とか、「友達を作りたいから走っている」とか、いろいろな目的をもった人々が1つのレースを作り上げている、こういうスポーツは多分市民マラソン以外にはないのではないかと思います。

　総合型地域スポーツクラブを地域に作ろうという運動が90年代から始まりましたけれど、「多志向」が1つのキーワードになっています。「健康のためにスポーツをしたい」あるいは「友達を作るためにスポーツをしたい」あるいは「競争して勝ちたい」、いろいろな目的の人が1つのクラブの中に共存している。これが「総合型」と言われる所以です。それを「競争だけ」と限ってしまって、1つの価値に収斂して衰退したスポーツがあります。知っていますか？ それは「ママさんバレー」です。「お友達を作りたい」とか「健康のために」やろうとしている人に対して「試合に勝ちたいからあなたは必要ない」といって、チームを追い出すということが起こりました。もうひとつはゲートボールです。これも全国大会を開催した途端に「試合に勝つ」という競技志向が強くなり、「皆のお世話をしたい」という人がはじかれてしまったり、殺人事件まで起きるくらい悲惨なことになりました。やはりスポーツはいろいろな関わり方が担保されていなくては、つまり多様性が担保されていなければ、文化としては存

在し得ないのです。そういった意味では多様性を含んでいる「市民マラソン」はこれからの市民スポーツの在り方を我々に示してくれるトップランナーだと思っています。これをモデルに他のスポーツも変わってくれればよいと思っています。

2つ目は「日常から非日常へ」です。先ほどありました「道路規制が大変だ」ということです。つまり市民マラソンは普段は走ってはいけないところを走るわけです。それは日常空間を非日常空間に変えていくということです。たとえば、大阪の御堂筋は南行き一方通行なのですが、大阪マラソンでは、北行きに走るのです。それは市民マラソンランナーだけに与えられた特権です。日常では車ですらできない北向きに走ることができるという非日常性を担保してくれる、これは素晴らしいことです。

それともう1つ、大阪マラソンはスポーツの原点である「遊び」の感覚を取り戻してくれます。もともとスポーツという文化は遊びから生まれてきたのです。J.ホイジンガが文化は遊びから生み出されたと言っています。一般的には遊びは非日常の行為ですので、日常の空間を遊びという非日常空間に変えることで成り立っています。道路という日常空間をマラソンコースというスポーツの遊び空間に変えることで、もう一度、道路という日常空間の意味を問い直すことになるのです。

これを最初に行ったのは「ニューヨークシティマラソン」です。ニューヨークシティマラソンは初めはどこを走っていたかというとセントラルパークです。つまり、公園の中をグルグル回っていたのです。つまらないですね。記録を目指している人はいいかもしれませんが。そこで、ニューヨークシティを走りたいという人が出てきて、マンハッタンの道路を走ったところ、参加者が激増しました。それは日常を非日常にする、ランナーはその楽しみを味うことができるという特典が与えられたわけです。そして、ニューヨークという近代都市の日常空間を再考することができるのです。

「3 on 3」というバスケットボールはご存知ですか？　以前はストリートバ

128

第5章 「スポーツ文化から2020を考える」（増田・杉本・西山・尾久・亀井・吉田）

スケットボールと言われていて、道路を封鎖して、そこでバスケットボールをしたのが始まりです。これは日常の道路という空間を再考することができます。もうひとつはスケートボードです。ウイーンでスケートボードが流行った時にスケートボード場を作ったのです。3か月は満員でしたが、3か月過ぎたらほとんど人が来なくなりました、そんな整備されたところでしても面白くないのです。日常空間を非日常に変えるところの面白さ、これがスケートボードの魅力なのです。いわゆる都市からの逸脱ですね。そのことによって都市の機能とは一体何だろうと再考することができるのです。

　さらに「仮装・コスプレ」です。僕はこれを奨励したいのですけれど、大阪マラソンは残念ながら一部の人は仮装してはいけないことになっています。大阪マラソンでは「くいだおれ太郎」の仮装した人が必ずいます。こういう仮装、コスプレをすることによって非日常の世界をつくりだしていきます。さらに、この仮装する人たちが仲良くなって、ひとつのコミュニティを作るのです。また、観客からも声が掛けやすくなります。「くいだおれ太郎」なんて言われると自分に声をかけてもらっているのが分かるから、すごく観客との距離が近くなる。そうすることで、都市の中で暮らしている自分のアイデンティティを形成していくのではないかと思っています。このように普段の都市生活から逸脱することで都市を再考して活性化することができるのではないか。これが2つ目の要素です。

　3つ目は**「観ることからすることへ」**です。いすみマラソンのコースには「案山子しかない」と増田さんはおっしゃいましたが、それはそれで素晴らしいと思うのですけれど、コース設定について考えてみます。大阪は観光地を巡るようにコースが作ってあります。これは東京マラソンと同じことなのですけれど、市民ランナーが走りながら観光できる。観光は今、何か名所旧跡を観る（Seeing）というのではなく、する（Doing）ということが伴います。つまり、マラソンという「Doing」を通して観光する。これは**スポーツ・ツーリズム**と言われますが、そのスポーツ・ツーリズムのトップランナーが市民マラソンだ

129

ろうと思います。走りながら大阪城を観たり、中之島の中央公会堂を観たり、通天閣とか京セラドームとか大阪の名所を回ることができるのです。それも観光バスではなくて自分の足で見て回ることができる。そういった意味では「観る（Seeing）ことから、する（Doing）ことへ」ということに観光が変わってきた証拠です。

　このスポーツ・ツーリズムは、**ホノルルマラソン**が先鞭をつけました。ハワイにただ癒しの時間を求めに行くというのではなく、ホノルルマラソンに参加するために行くのです。最高時は参加者 3.4 万人に対して 63% の 2.1 万人が日本人だったそうです。実は大阪マラソンも 64% が大阪府以外の方々が来ています。つまり外の県から来るというツーリズムが存在しているということです。

　もう一つ面白いのは**「移動する観客」**です。他のスポーツではスタジアムで移動せずにずっと観ています。しかし、市民マラソンの観客はランナーと一緒に移動するのです。大阪の場合、地下鉄で各コースに行けるようになっていますので、地下鉄で移動します。つまり「追っかけ」をするのです。観客のスポーツ・ツーリズムです。

　大阪は阪神タイガースの応援が有名なのですけれど、この応援のパフォーマンスをするために甲子園球場に行くという人が増えています。ジェット風船を飛ばしたり、各選手の応援歌を歌いながら自分なりの振り付けなどをしてパフォーマンスすることに楽しみを見つけ出したのです。また、2002 年のサッカー日韓ワールドカップから「パブリック・ビューイング」という多くの人が集まってテレビを見ることが一般的になりました。わざわざそんなところに行って観るより、家でテレビを見ていた方がよっぽどいいと思いますけれど、パブリック・ビューイングで皆と一緒に応援のパフォーマンスをすることが楽しいのです。

　このようなことが背景にあって、大阪マラソンでは観客が仮装し始めました。この観客の仮装は、去年の第 5 回大会では非常に多かったです。何で仮装をするのかとインタビュー調査をしたところ、「ランナーから目立ちたい」という

第5章 「スポーツ文化から2020を考える」(増田・杉本・西山・尾久・亀井・吉田)

答えが多かったのです。ランナーよりも応援している私がそこの主役だということなのでしょう。ランナーと観客との仮装競争が始まりました。応援のパフォーマンスをしに行く楽しみを観客は手に入れたのです。つまり、観客にも「観る（Seeing）からパフォーマンスする（Doing）へ」という傾向が出てきたと考えられます。ですから、いすみマラソンも人数を増やしたいと思ったら、観客はただ観て応援するというだけではなく、何かパフォーマンスをして、自分たちもマラソンに参画している、盛り上げている1人になるというような工夫をされたらよいのではないかと思います。今、大阪マラソンでは観客の仮装大賞を決めようかという話も出ています。

こういうスポーツ・ツーリズムによる新たな都市観光の在り方が、都市を活性化するとともに、応援のパフォーマンスによる自己表現が、都市へのアイデンティティを高めると考えます。

コースで言えば、東京マラソンもそうでしたが、都市型のマラソンはゴール地点が郊外になる傾向にあります。これは交通規制の関係でどうしてもそうなるのですが、そうすると終わった後、仲間とどこかに飲食に行こうと思っても行けないのです。これは大阪マラソンも改善しなくてはいけない課題ですけれど、世界の市民マラソンの大会はほとんどセントラル・フィニッシュになっています。ロンドンマラソンも都市の中心街（バッキンガム宮殿）がゴールです。いすみマラソンは中心で終わるのですね？素晴らしいです。大阪マラソンでは、終わった後に足を引きずりながら1キロくらい歩いて電車に乗らなくてはいけなくて、その不満がものすごく多いです。僕はスポーツに大事なのは「ビフォー・アフター」と考えていまして、スポーツをする前後が大事なのです。スポーツをする前に「どんなふうにしようか」というイメージする楽しみ、遠足に行く前の楽しみと同じですね。それと終わってから、そのスポーツを振り返り皆で話し合う、それをネタに飲むといったアフターが大事なのですけれど、そのアフターの配慮がなされていないのが、日本のスポーツの欠点です。スポーツ大会が終わった後、祭りの後の虚しさしか残らない。リピーターを増や

すには、そこを充実させていかなくてはいけないと思います。

4つ目は「することから支えることへ」です。ひとつはボランティアです。これは、いすみマラソンでもありましたけれど、スポーツボランティアがどこの地域でも広がっています。大阪マラソンのボランティアの方にアンケート調査をしますと、「来年もぜひ参加させてほしいです」という答えが返ってきます。この意味の深さ、分かりますか？「させてほしい」であって、「してあげている」という言葉ではないのです。「させてほしい」は自発的な言葉であって、まさしくボランティアの本質的な考え方が分かっている人から出てくる言葉です。つまり、市民マラソンのボランティアでは、その本質的な考え方が身につくということです。

大阪マラソンのボランティアで特徴的なのは「まいどエイド」です。これは32km地点で大阪のさまざまな商店街の人が給食をするボランティア活動です。ここの看板には「あとたった10km」と書いてあるのです。ランナーはそれを見て笑って元気を取り戻すのですが、彼らはこのようなランナーが元気を回復するための工夫をしています。例えば、若い女性3人組が、ラップ調で歌いながら、手渡しで給食することを楽しんでいるのです。それが伝播していってその場の雰囲気をとてもよくしています。こんなふうにボランティア活動を楽しもうという精神が「まいどエイド」を支えていて、ここで皆立ち止まってニコニコするのです。

一般的に、福祉ボランティアや災害ボランティアに行くと、まず相手を「苦しさの共有」をしなくてはいけないのです。しかし、スポーツボランティアはランナーが楽しんで走っているわけですから、「楽しさの共有」から始まります。もうひとつは、福祉ボランティアや災害ボランティアは相手から感謝してもらいますけれど、スポーツボランティアは、ランナーから「感動をもらった」という人が多いのです。つまり「感謝」から「感動」へという違いです。この違いがスポーツボランティアを支えていて、それが本来的なスポーツボランティアの在り方ではないかと思います。

第5章 「スポーツ文化から2020を考える」（増田・杉本・西山・尾久・亀井・吉田）

　もうひとつは**チャリティ**です。これは東京マラソンでもありますが、自分が走ることによってチャリティができるということです。チャリティマラソンは世界各地で行われていますが、大阪マラソンが目標にしているのは**ロンドンマラソン**です。ロンドンマラソンでは、チャリティが昨年は97億円集まりました。すごいですね。チャリティのシステムは違うのですけれど、たとえば、自殺防止の「いのちの電話」というチャリティ団体の代表として寄付を集めるチャリティランナーとして走る。寄付文化が浸透しているイギリスならではのチャリティマラソンです。しかし、日本の場合はチャリティランナーという考え方が違っていまして、東京マラソンは10万円以上、大阪マラソンは7万円以上寄付すれば、出場できるランナーと思われています。つまり7万円を出せば出場権を貰えるというように考えているチャリティランナー多いのです。何故かと言うと、チャリティランナーの7割近い人が自分で寄付を出しているのです。そういう意味で逆に「チャリティランナーになりたくない、お金を出して出場権を買っているのだというイメージが嫌だから」というような意見もあります。これは何とか改善しないとチャリティランナーの本来のあり方ではなくなってしまいます。チャリティ委員会では「何人以上集めなくてはいけない」という制限をつけようか、という話をしていたくらいです。それでも、2015年は1億2000万集まりました。まだまだ97億円にはほど遠いのですけれど。

　大阪マラソンはチャリティマラソンを特徴としたいというのは、実は大阪はチャリティ（寄付）文化でできている町だからです。中央公会堂も市民の寄付によってできましたし、大阪の橋はほとんどが市民の寄付です。相撲の世界で「タニマチ」という言葉がありますが、力士や部屋に寄付をするいわゆるパトロンあるいは後援会の俗語です。これも「谷町」という大阪の地名から生まれてきた言葉です。それから阪神電鉄、これは唯一電鉄会社で球団を弱くても手放さなかった会社です。これも僕はタニマチ的な発想があるのではないかと思います。こういうチャリティ文化を大阪マラソンによって再生したいのです。

実は最近、大阪に寄付で作ったスタジアムができました。Jリーグガンバ大阪のホームスタジアムである**市立吹田サッカースタジアム**です。145億で作ったのですが、そのうち138億は寄付なのです。それも、一般の人に呼び掛けたクラウドファンディングが含まれています。今、こんなことがなぜ可能なのかと言うと、成熟社会に突入した日本では、交換経済から贈与経済に移りつつあるからです。経済の考え方がいつまでも交換経済ではなくて、ボランティアやチャリティといった贈与経済の活動が実際に我々の世界を動かし始めているということです。東日本大震災の津波の時は3000億の寄付が一瞬にして集まったということもありましたし、「ふるさと納税」とか、寄付文化がどんどん広がって来ました。日本人は、寄付文化を本来持っていたと思われますが、それを出す機会がなかった。その機会をマラソンは提供しているのではないかと思うのです。そういった意味ではボランティアやチャリティ文化の醸成による交換経済から贈与経済への転換によって、都市における市民生活が活性化されるのではないかと考えられます。

　最後は「**孤立から一体へ**」です。「ランナー同士の一体感」はどこのマラソン大会でもみられるのですけれど、大阪マラソンの面白いところは「観客とランナーの一体感」なのです。応援で「頑張れ」という言葉をかける人はほとんどいません。多分かけているのは大阪の人ではないと思います。大阪の観客は「足が痛い、そんなの気のせいや」。「ゴールの後には冷たいビールが待っている」。「ここまで頑張ったあんたはえらい！」。「ゴールがあなたを待っている。ゴールは逃げへんでぇー」とか辛辣な声をかけます。でも、ランナーはこんなメッセージに癒された、元気が出たと言います。実はこれは海外に轟いていまして、大阪マラソンに来る海外ランナーにアンケート調査をすると、「応援が楽しいと聞いたから」という項目が最も多かったという結果です。これは大阪のおもてなしの一つの特徴だと思います。先ほどの民泊の話にもありましたけれど、こういうものが発展して民泊につながっていったらいいのではと思っています。

第5章 「スポーツ文化から 2020 を考える」（増田・杉本・西山・尾久・亀井・吉田）

　このように、孤立化する社会にあって、市民マラソンでは知らない人から声を掛けられるという都市生活の中では稀有な体験が、都市生活の孤独感から救ってくれて、ランナーと応援する市民の間に一体感が生まれる。僕はこういう人と人とのつながりからリピーターは生まれてくるのではないかと思います。多くの人がディズニーランドのリピーターになるのは、そこで受け入れてくれたスタッフの気持ち良いホスピタリティが「あそこにもう一度行きたい」となるのだと思います。物でなく、建物でなく、人なのです。人が人を呼ぶという理念のもとに大阪マラソンを改善していきたいと思っています。今年は 10 月 30 日に大阪マラソンは開催されます。皆さんと大阪マラソンでお会いすることを楽しみにしております。ありがとうございました。

西山哲郎：どうもありがとうございました。盛りだくさんのお話を手短にしていただいて、ありがとうございました。今の発表に対して吉田さんからコメントいただければと思います。

吉田香織：では、アスリートと言いますか、市民ランナーとしての目線なのですけれど、今杉本先生から文化、スポーツなのですけれど文化についてテーマにお話しいただきました。「マラソンブームっていつまで続くの？」という質問を結構受けるのです。ただ、今はもうブームではないと思います。ランニングがライフスタイルに組み込まれるようになってきていますので、いろいろな形で世の中の人がスポーツを楽しめるような文化が成り立ってきていると思います。大阪マラソンしかり、いろいろなマラソン大会でそれぞれの特色を楽しみながら、皆さんがマラソン大会を味わってもらえたらいいと思いますし、自分も今後マラソン大会を楽しんでいきたいと思いました。ありがとうございます。

西山哲郎：どうもありがとうございました。それでは引き続きいまのお二人の

135

発表に加えて、尾久さんの方からメンタルヘルスに関するコメントをいただきたいと思います。よろしくお願いします。

コメント1：「メンタルヘルスの視点から」

　　　尾久裕紀氏（スポーツ・健康と地域社会研究班委嘱研究員、大妻女子大学教授）

尾久裕紀：尾久と申します。今日はよろしくお願いいたします。メンタルヘルスの視点からのコメントということなのですけれど、私はもともと精神科の医者で、すでにうつ病になった人とか病気になった人を治療するという役割をずっと担ってきました。最近は大学の教員をしながら、主に企業の産業医や精神科医という立場で、病気になる前の方をいかに予防するかというところで仕事をしております。そういう意味では働いているとストレスが非常に多い社会ですので、それをどうしたらいいかという話はいつもあります。ストレスについての話を時々しています。

　さて、いわゆる**ストレス解消法**とかストレスに強くなる方法というのはいろいろあると思います。例えば皆さんでしたらどのようにするでしょう。温泉に入ったりとか、あるいは美味しいものを食べたりとか。多分今日参加している方はスポーツに関係している方が多いと思いますので、運動するとか。これはみな重要なストレス解消法になります。最近のストレス研究の考え方といいますのはいろいろあるのですけれど、例えば仕事に対するストレスにどうすれば一番いいかというと、仕事をむしろ一生懸命した方がストレス解消になる場合があると、いう考え方があります。またスポーツをしてストレスを解消するという方法もあるのですが、スポーツをする人を応援する、スポーツに関する企画をするとか、それもストレス解消法になるというような考え方があります。今日お配りしたプリントを見ていただきたいのですけれど、時間の関係で全部には触れませんが、身体活動が心身に与える影響というところの一番最後のほうです。○をつけたところがあります。「快楽追求型と生きがい追求型のス

第5章 「スポーツ文化から2020を考える」（増田・杉本・西山・尾久・亀井・吉田）

ポーツ」というところをご覧ください。2013年に発表された論文ですが、それを私の方で解釈し直して皆さんにお伝えしたいと思います。**快楽追求型のスポーツ**、あるいはストレス解消法というものは、先ほど言いましたように何か美味しいものを食べたり、スポーツをしてすっきりする、その後に皆で酒を飲んで語らうとか、そういうものが入ります。それから**生きがい追求型のスポーツ**、あるいは生きがい追求型のストレス解消法というのは、例えば人のために何かする、誰かと一緒に何かする、あるいは楽しいことを企画するということになります。どちらもストレス解消法にはなるのですが、ここからが少し難しいのでできるだけ簡単にまとめます。現在、遺伝子レベルでいろいろなことが分かっていますが、ストレスに関するCTRA遺伝子群というものがあります。これは皆持っています。ストレスを受けると発現が増える炎症関連の遺伝子群と、ストレスに対する抗ウイルス・免疫反応関連の遺伝子群の2つのタイプがあり、「快楽追求型」のスポーツでは前者が、「生きがい追求型」のスポーツは後者が上昇することがわかりました。先ほど言いました人のために何かをするというのは、ストレスに対して病気を予防するような遺伝子が活性化するという研究発表なのです。スッキリしようというスポーツもいいのですが、**ボランティアとして支えようということの方がストレスに強くなる**というような話なのです。今日の増田さんのお話、いろいろ楽しいお話を聞かせていただいたのですが、最後の方にかなりの運営スタッフの方が関わっています。このような、直接マラソンをするのではなく、マラソンの運営に関わるお仕事というのは大変ストレスに強くなるような活動をしていらっしゃるということが言えると思います。それから杉本先生のお話でも、特に最後の方で「孤立から一体」というものがありました。「ランナーとボランティアスタッフとの一体感」、それから「地域のために何かしよう」というものです。このような活動も先ほど言いましたストレスに強くなるような遺伝子を活性化させるというようなことが分かってきています。そういう意味で、昔から人のために何かやることはよいことだということは何となく経験的に分かっていたのですけれど、今は遺伝子レ

137

ベルでもきちんと証明されたということになります。これからも多分スポーツ
やマラソン大会に関しては参加するということももちろん大事ですし、それに
関わるということも非常に大事なことになってくると思います。ぜひそういう
ことに参加することを勧めていただけるとよろしいのではないかと思います。

　それから最後の方で「**身体活動の注意点**」というところに書いておきました
けれど、今日の吉田さんや増田さんのようなスポーツ選手の方は身体のトレー
ニングもケアもしっかりされていると思うのですけれど、一般のマラソンラン
ナーが増えてきますとやはりそれに伴う副作用のようなものが出てきますので、
これは注意しておいた方がよいかと思います。ここに項目を記載しました。こ
のようなこともあります。ランニングとかジョギングというのはいわゆる「有
酸素運動」になります。その中で痩せるために走り出したという人はいらっ
しゃると思うのです。ところが海外の研究論文ですが、81 人の肥満女性に 1
日 30 分のランニングを 12 週間したという研究がありまして、ほとんどの方は
心肺機能は向上しましたが、70% の女性は逆に太ってしまったという研究結
果があるのです。おそらく食欲が増してしまって、食べる量も多くなったとい
うことなのです。それからマラソンによる腎機能低下もあります。これはベル
リンマラソンの参加者を研究対象として腎機能を測っていますが、43% の選
手が腎機能の排泄能力がかなり低下してしまったという結果が出ています。た
だ、2 週間後には腎機能は戻っていました。それから、最後の**運動依存**です。
これは多分皆さまも経験があるかと思います。例えば毎日走っている人が、た
またま怪我をして 1 日とか 2 日走らないと、かえって気分が落ち込んだり、イ
ライラしてしまう、こういうものを運動依存、エクササイズ・ディペンダンス
といいます。特にこの運動依存に陥りやすい方は長距離走者、ボディビルダー、
重量挙げ選手に多いというような結果が出ています。恐らくこれは、その前に
少し書いておいたのですが、運動することによって非常に気分が爽快になった
り、うつが改善したりという効果があるのですけれど、そのメカニズムとして
脳内のエンドルフィンなどいろいろな神経伝達物質が出るということが想定さ

138

第5章 「スポーツ文化から2020を考える」（増田・杉本・西山・尾久・亀井・吉田）

れています。それがどんどん出始めますと、もっとエンドルフィンなどを出したい、出したいというものが依存症の正体なのです。その結果運動しないと逆にストレスを感じるという場合もありますので、選手でない方はほどほどに、あるいは自分のコントロールのできる範囲でやっていかれた方が、運動依存に陥らなくて済むのではないか。恐らく皆さまはマラソンなどに関わっている方が多いと思いますので、そのようなこともご理解いただくと皆がより楽しくマラソンを楽しめるのではないかと思います。私のコメントは以上です。ありがとうございます。

西山氏：どうもありがとうございました。マラソンの楽しみ方はいろいろあるという話だったのですけれど、先ほどの杉本さん、吉田さん、増田さんの話と関連させていえば、「情けは人のためならず」が科学的に証明されたというお話だったかと思います。それでは引き続き亀井さんの方からよろしくお願いします。

コメント２：「リスクマネジメントの視点から」

亀井克之氏（スポーツ・健康と地域社会研究班主幹、社会安全学部教授）

亀井克之：それでは想定内ですが時間が５分以内しか残っていません。私は日本リスクマネジメント学会という学会の代表をしていまして、通常は90分くらいかけてするところを５分でしたいと思います。

　リスクマネジメント、危機管理というのは極力簡単に言うとこうです。1行で言うと「どんなリスクがあるのかなぁ」。確認して発見するのです。「こんなリスクがあります」と。次にそれが本当に事故につながったり発現したらどうなるかということを想定する、予想するのです。想像するのです。そうしたら「こんなリスクがあって、こうなるな」、ではどう対応したらいいのかということを決断するのです。ですからリスクマネジメントや危機管理というのは怖が

139

ることではなく決断することなのです。そして今日はマラソンがテーマですけれども、マラソンというのはよくよく考えますと、自分がきちんと走りたいという目標を邪魔するいろいろなリスクとか、あるいは「あと1kmでゴールだ」という時に、市民ランナーでよくあるのですけれど、足がつるとか。そういう危機に直面した時にどうするか、落ち着いてどう対処するかという分野なのです。今ここでまとめましたように「発見して」「想定して」「決断する」、これがリスマネジメントです。リスクには事故や災害、あるいは健康を害するとか、足がつるとか、風邪をひくというものがありますが、実はもう一つリスクがありまして、左に行くか右に行くか、どこでラストスパートをかけるかという決断なのです。これはリスクを取っているわけです。ラストスパートが速すぎて、結局最後の41.5km位で息切れしてしまうかもしれません。そういったことです。ということで「事故・災害のリスク」と「とるリスク」があるということです。

　リスクマネジメントの今のトレンドはソーシャル・リスクマネジメントです。リスクというものは社会全体に及んでいて、そのリスクに対して自分1人だけとか、自分の会社だけが助かっても仕方ないのです。やはり連携して、絆を持って大きなリスクに対処していこうという時代になっています。絆とか連携ということになりますと、その出発点は家族もそうですけれど地域社会なのです。ということで「ソーシャル・リスクマネジメント」ということがキーワードです。

　もう一つはもともと危機管理やリスクマネジメントというのは物と金のリスクマネジメントだったのです。物がつぶれた、直す。金が無くなった、稼ぎ直す。ですからそれでいいのですけれど、ところが今は物、金だけではなくて人と心のリスクマネジメントの時代なのです。物はつぶれたら直したらいいし、金は失ったら稼ぎ直したらいいのですけれど、人は死んだら帰ってきませんし、特に心です。心を傷つけますとなかなか治らないのです。これはご専門は尾久先生です。そういう時代になっています。

第 5 章 「スポーツ文化から 2020 を考える」（増田・杉本・西山・尾久・亀井・吉田）

　リスクマネジメントを考えるときに実は忘れてはならないことがあります。例えば私のいる地方の JR 西日本が 2005 年に大脱線事故を起こしまして 106 人の人が亡くなりましたけれど、あれ以来何をしているかと言いますと駅員の人たちは「左よし、右よし」と、大きな声を出して確認を行っています。実はリスクマネジメントを支えているのは、ああいうふうな事故が起こらないように努力している現場の人たち、何気ない日常的な職場の掃除を担当して下さっている人たち、あるいは警備員の人たちです。現場で日常的に事故が起こらないようにして下さっている方々への**リスペクト**、そういう尊敬の念というものが重要だと思います。翻りましてマラソン大会ですけれども、抽選があってなかなか走れないということもあるのですけれど、ボランティアをして下さっているスタッフとか、そういった人たちへの感謝の念というものを忘れてはいけないような気がいたします。ややもしますとそういうことを忘れてしまう、マナーの悪いランナーの人がおられます。私も走るのですけれど、注意しなければならないと思っています。例えば去年の大阪マラソンですと、紙コップの散乱度というのは非常に見苦しかったです。それから今年の東京マラソンも、偶然当たりましたので走りましたけれど、スタート時は寒かったので最初ビニール袋や 100 円のレインコートなどを着ている人が多かったのですが、あちらこちらに脱ぎ捨てていました。そこに足を突っ込みますと滑ったりして危ないです。やはり「走らせていただいているのだ」という現場の人たちへのリスペクトというものが必要だと思います。

　先ほど増田さんがいすみ健康マラソンの話をされましたけれど、伝わっていない部分があるので私がその魅力を伝えます。まず長者町という小さな駅に特急が停まる。そして皆が迎えて下さる。こういうクラシックな散髪屋さんがある街です。大村崑さんのオロナミン C の看板も、もちろんあります。そういう町です。ところがこの日だけはこうやって賑わうのです。「いすみは良い町です。移住して下さい」という宣伝もあります。それから名物の伊勢海老スープ。これを走る前に飲むことができます。それからゴールのご褒美が最高なの

です。これは増田さんのお父さんから差し入れのみかん。これが1人1個なのです。しかし、あまりノロノロ走っていますと、無くなってしまうのです。1人2個取る人がいまして。そういう感じです。そして何よりも先ほどおっしゃっていましたけれど、その魅力というのは、最後に「いすみマラソン号」が長者町の駅から両国に向かって走っていくのですけれど、そこに増田さんが乗り込んで来られまして、「ありがとうございました」と車両ごとに頭を下げられるのです。それでも感動するのに、最後に電車が動き出した時にふとホームを見ますと、スタッフの人たちが深々と頭を下げているのです。私も去年走らせてもらいましたけれど、そこを見まして涙がこぼれました。そういうことで現場のスタッフ、そういう人たちへのリスペクトが重要ということです。

　続きまして私はもともと経営学でフランスの会社のことを研究していましたが、昨年の11月13日にパリで大きなテロがありました。一昨日、残念ながらベルギーでも空港で、地下鉄でテロが起こりました。去年の1月7日のパリのテロは風刺画を描いた漫画家を狙った、ターゲットがあったテロでした。しかし、ソフトターゲットと言いますか、不特定多数を狙ったテロというものがいよいよヨーロッパで続発してきまして、日本でもこういう群衆がいるときなどにどうなのかということです。そこで東京マラソンはこういうふうに持ち物チェックをしっかりなさっていました。ペットボトルを持ち込んではいけないのです。フランスのサッカー場ではペットボトルを持ち込めないのです。ですからいつも取り上げられる前に係員の前でガーッと飲んで「ほら」と返していましたけれど、そういう光景が東京マラソンでもあり、懐かしく見ていました。ということで東京マラソンはこういうセキュリティのチェックをする方々、それから最後のゴールをした時にメダルをかけてくれる人たち、そういった人たちに支えられているのだという思いがしました。それから東京マラソンで感心しましたのは、リスクマネジメントとか危機管理のマニュアル的な文書が入っていたことです。こういったものがしっかり整備されていることに非常に注目しました。特に大地震が起こった時にどうするかということまで、きちんと明

確に逃げる場所まで書いてあります。しかしながら35kmで地震が起こって、「ここに逃げろ」と言われても、足が動くかどうか心配なのですが。

　最後にリスクとか危機の話で暗いのですけれど、もし足が絶対つらないと分かっていたら、マラソンって面白いですか？「足がつるかもしれない」そういうリスクをチラチラ考えながら努力しようとする、そういうリスクを乗り越えようと努力するから面白いのではないかと思うのです。我々の社会生活もリスクというものはゼロではなくて、多少そういったものがあるから、それを乗り越えようとして努力するからこそ生きがいややりがいがあるのだと思います。以上、ありがとうございました。

第2部　ディスカッション　スポーツ文化から2020年を見直そう

西山哲郎：準備が整いましたので、第2部のディスカッションを始めていきたいと思います。先ほどご質問をたくさんいただきましたので、そこから話をいろいろと展開させていただこうと思います。ご登壇の皆様にはよろしくお願いいたします。

　それでは最初の質問なのですけれど、まず増田さんへのご質問です。「解説者として選手の詳しい情報はどのように収集されているのでしょうか」。これ

は増田節みたいな感じで楽しみなのですけれど、その辺の秘訣というか秘密を教えてくださいということでした。よろしくお願いします。

増田明美：全然今日のテーマと関係ないじゃないですか。自分がおしゃべりなので解説関係なく、香織ちゃんのネタなどもいっぱいあるのです。会った時に自分の興味だけで「この人、魅力的だな」と思うと、親のこととか、趣味とか、大事にしている言葉とかを伺う。日常がそうなのです。だから別に解説のために集めているわけではないのが多分特徴です。今日、監督の打越さんも来て下さっています。打越さんの若いころの恋愛もいっぱい知っていますから。ありがとうございます。

西山哲郎：次は吉田さんへのご質問です。いろいろなマラソンを楽しんでいる市民ランナーの方からのご質問です。今日は観客の方やボランティアの方の話が中心になったのですが、「競技者としての楽しみをご紹介いただけたら幸いです」とのことです。

吉田香織：私はまだ記録を追い求めて走っています。なかなかフルマラソンは上手く走れるものではないのです。思うような走りができるというのは、やはり10回に1回程度です。ただその上手くいかなかった時の組み立て直し方をもう一度考えるということを楽しめるようになったら、本当にそれが競技者としては本物なのかと思ってやっています。上手くいかないことの方が多いけれど、それに慣れて組み立て直す、その組み立て方、考え方を楽しむということです。それをぜひ皆さんにお勧めしたいと思っています。

増田明美：今の質問ですが、組み立て方というのは、上手くいかない時というのはレース中に組み立てるということですか？それとも1回レースが終わって悪い結果を組み立てるのとどちらですか？

144

第5章 「スポーツ文化から 2020 を考える」（増田・杉本・西山・尾久・亀井・吉田）

吉田香織：レース中に組み立てなおせたら一番よいのですけれど、なかなかそれも上手くいくことは少ないです。結果、失敗レースということの方が多くて。終わってみて組み立てる。人は上手くいった時の理想を追い求めて過ぎてしまうのです。ただ、日々身体は変わります。年齢も取ります。なかなか理想のトレーニングもできなくなっていくのですけれど、それを新しい概念で上手く新しいものを取り入れていくということも一つ訓練のうちかと思います。

西山哲郎：どうもありがとうございました。次は増田さん、吉田さん、お二人にご質問ですけれど、「女性ランナーの強みはどういう点だと思われますか？」。このご質問された方の周りでは女性の方が、気持ちが強いという意見が多いとのことです。男性の方が競争心が強すぎて駄目なのではないかというお話ですけれど、その辺をどうお考えになっているかお聞かせ下さい。

吉田香織：女性の強さですね。男性の方がプロ選手では職業としてやっている感が強いです。女性はわりとスポーツが得意で、もともとやはり足が速くて走っていますという人が多いのですけれど、男性の場合はお金を稼ぐために選手として、プロとしてやっていますという方が多いので、そういった部分の違いがあるかとは思います。

増田明美：確かに男性は実業団のチームに入る時も、将来のことを考えてチームを選びます。女性は今花を咲かせたいということで、別に企業名が云々とかではないのです。できる環境。だから本当にその辺も守りに入っていない。後はやはり女性の方が粘り強いです。皆さんもマラソンを走っていて 35 km 以上で女性に抜かれるでしょう？大体男性を抜いていくと気持ちいいから。後半、何でしょう？あの粘りは。やはり身体のせいなのか、ペース配分が上手いのか、尾久先生。

145

尾久裕紀：皆さんもご存じのように、平均寿命は女性の方が長いです。これが女性の強さの証明のひとつです。もう少し言いますと、女性と男性を決めるのは染色体で、常染色体というのは22対、性染色体は1対あります。性染色体にはX染色体とY染色体があります。XXだと女性でXYだと男性になります。XXというのはXが2つありますので、片方のXがうまく機能しなくとももうひとつのXが代償できるのです。ところが男性はXYなので、Xが機能しなくなると代償できなくなります。X染色体は免疫機能もあるため、このようなところでも女性の強さがあるということはよく言われています。

西山哲郎：どうもありがとうございました。スポーツ研究の中でもよくそういうジェンダー研究という男女の比較があるのですけれども、女性は距離が長ければ長いほど男性との差が狭まっていく。特に海洋遠泳という種目が、正式な種目というほどスポーツ化されているわけではないのですが、いつまで、どこまで泳いでいいか分からない、終わりのないゲームになると女性の方が強いというのはよく言われていることでした。どうもありがとうございました。

　それでは次の質問に行きたいと思います。これは多分尾久先生にお答えいただいた方がよいと思うのですが、「スポーツを長く行っていると、何年か前の一番良かったころの記録を維持しようと無理をしてしまいます」。こういうことにどういう問題があるのか、それを避けるためにどうしたらいいのかといったことをご質問いただいているようです。「ベスト記録を守ろうとしすぎると身体によくないのでしょうか？」というご質問です。

尾久裕紀：先ほど増田さんともお話していたのですけれど、やはりマラソンなどで過去に1回一番いい記録を出して、それがベストということですね？毎回、毎回自己更新をするというのはなかなか難しいと思います。人間というのは年齢とともに全体的な身体機能も落ちていきますので、年を取ると記録もだんだん難しくなってくる。ただ、マラソンの場合はそうとも言えないようです。年

第5章 「スポーツ文化から2020を考える」（増田・杉本・西山・尾久・亀井・吉田）

齢を重ねるごとにペース配分とか戦略とかが経験的に優れていって上がってい
くということもあると思います。ただ毎回、毎回、「よい記録、よい記録」と
いうことに集中してしまうと、先ほど言った依存症にちょっと近くなるかもし
れません。そこはある程度、よい意味で割り切った方がいい場合もあるかと思
います。

西山哲郎：どうもありがとうございました。これは同じ質問をリスクマネジメ
ントの観点で亀井さんにもお答えいただけたらと思うのですけれど。ご自身も
ランナーでいらっしゃいます。記録にこだわりすぎて無理してしまうことにつ
いて、どういうふうにお考えになっているかお聞かせいただければと思います。

亀井克之：先ほど京都マラソンの話がありましたが、私の場合は素人に毛が生
えた程度ですけれど、5年目でやっと京都マラソンでサブ4ができましたので、
それで1つの目標を達成したのですけれど。ところがそれは偶然であって、や
はり悪い時がほとんどです、先ほど吉田さんがおっしゃったように。だからあ
まり気にしすぎないようにしています。それと私がこの5年でマラソンに惹か
れたのは、先ほど控室では話していたのですが、もともと若い時は野球とかソ
フトボールとか、チーム競技をしていましたので、「監督が使ってくれない」
とか、「彼より僕の方が上手いのにどうしてレギュラーになれないのだ」とか、
そういう余計なことを考えていたのです。マラソンに惹かれたのは自分が頑
張ったら頑張っただけ記録が伸びるし、あるいは怠けたらダメになるし。先ほ
どの私の話で言うと自分で「リスクは取る」と言うか、自分で対処するという
ことなので、ダメであってもスパッと自分自身で諦めて切り替えるという、よ
り良い気分転換が必要なのではないかと思います。

西山哲郎：どうもありがとうございました。その話で先日ラグビーの日本代表
のコーチをされていた荒木香織さんをお招きしてシンポジウムをした時の話を

147

思い出しました。荒木さんはあの有名な五郎丸選手のキックの前の忍者みたいなポーズ、大流行しましたけれど、あれはあれだけで完結しているものではなくて、パフォーマンス前のプレ・パフォーマンス・ルーティンというのが正しいのだとおっしゃっていました。皆さん「ルーティン、ルーティン」と覚えられている方が多いのだけれど、あれは「プレ・パフォーマンス・ルーティン」というのが正しいのだそうです。なぜプレ・パフォーマンスと言うかというと、本当はアフター・パフォーマンス・ルーティンというものもあるそうなのです。何かというと五郎丸さんの場合はキックの時にボールを置いていた丸い台があります。あれをピュッと投げるというのを実は毎回同じようにしているのだそうです。ボールが入っても入らなくてもそのピュッと台を投げることで気持ちを切り替えられるそうなのです。どうも失敗すると後に引っ張って、気持ちが次のキックに悪影響を与えることがあるけれど、それを上手くアフター・パフォーマンス・ルーティンで解消しているのだと。そんなことをもしかしたらマラソンの記録などにも活用できるのではないか。後引っ張ってしまってグチグチ考えてしまうなど人間はそういうものですけれど、そういうのも最近のスポーツ心理学ではあるのだという話を、亀井さんの話を聞いて思い出しました。

　それでは次の質問ですけれど、杉本さん。「2017年に大阪マラソンと横浜が同一日程になりそうですが、勝算はありますか？」ということです。いかがでしょうか？

杉本厚夫：私は大阪マラソンの組織委員会の委員長ではありませんが、十分に勝算はあると思っています。5年間アンケート調査を行ってきまして、先ほど申し上げましたように、観客が育ってきています。「人が人を呼ぶ」というのがやはり基本だと思います。やはりその魅力は観客にあるかと思います。いすみマラソンは観客が少なかったですけれど、大阪は一応120万人というふうに公式発表ではなっています。先ほど「まいどエイド」という話をしましたけれど、それ以外に実はプライベートエイドがあります。35km地点はほとんど応

第5章 「スポーツ文化から2020を考える」（増田・杉本・西山・尾久・亀井・吉田）

援する人がいないのですけれど、そこに地域の人が現れてエアーサロンパスを
スプレーしてくれたり、「あめちゃん」をくれたり、そういう隠れボランティ
アの方がいらっしゃって、非常に人気なのです。だから市民のホスピタリティ
という点では横浜には勝つのではないかと思っています。市民の方々との触れ
合いを大事にする、それは地方の方が容易だと思うのですが、もっともっと積
極的に進めていきたいと思っていますので、ぜひ大阪マラソンにお越しくださ
い。

増田明美：先ほどの杉本さんのお話しの中で「これは大阪にはかなわないな」
と思ったのは、足を引きずりながら「痛い、痛い」と歩いている人に対して
「痛いの？気のせいや」って。あれは絶対大阪にしかない応援ですよね。ああ
いう文化が根付いているというのが大阪なので、2020年東京オリンピック・
パラリンピックに向けて「おもてなし、おもてなし」という中で、本当に根付
いたその土地の人の心みたいなものが応援に出るというのは、これも非常に
「おもてなし」になると思いました。あれはすごいですね、大阪。「気のせい
や」というのは今度使わせてもらいます。

西山哲郎：コメントの方に書かれている方もいらっしゃる。大阪マラソンに参
加された方からです。その時見せてもらった応援のプラカードに書いてあった
ことです。「何やったら代わったろか？」というもの。多分抽選にもれた方だ
と思います。「そんな辛そうに走るんやったら俺が走るぞ」みたいな。すごく
印象に残ったというコメントをいただきました。また、この方は大阪マラソン
に対して「開催時期に問題がありませんか？」というご提案をいただいており
ます。夏に走り込みをしてマラソンの方はトレーニングをされていることが多
いので、11月中旬から3月末、たまに大阪マラソンは10月に開催されている
ことがありますので、「時期を考えないと横浜に勝てないかもしれません」と
ご忠告いただきました。どうもありがとうございました。

149

杉本厚夫：ご指摘いただいたように10月という時期の問題があります。記録を目指す人にとっては、この時期は暑いし、トレーニング不足ということがあります。実際、暑さで去年は倒れられた方がいらっしゃいました。ただ、あの頃の気候のいい時に観光目的で来たいという方がいらっしゃる。大阪を拠点にマラソンが終わった後京都に行きたいという人もいます。スポーツ・ツーリズムの観点から日程を決めているということもありますので、様々な方が来ていただけるように分母を広げていると、皆さまにはご理解いただければありがたいと思います。

西山哲郎：あともう一点、先ほどいすみ健康マラソンで「応援の方が寒過ぎると出て来られない」というお話がありましたけれど、やはり10月にすると応援の方が出てきやすいというのはあるかもしれません。私が見た例は車いすの方が、もちろん車椅子ランナーも走っているのですけれど、応援団をしていただいていて、そうなるとやはり冬寒い時期は厳しいので、応援文化を育てるためには、ランナーにとっては申し訳ないですけれど10月開催というのは一つ利点があるのかもしれません。

杉本厚夫：大阪マラソンは、大阪の祭りとして開催したいということが基本的なコンセプトとしてあるのです。祭りというものは皆さんもご存知だと思いますけれど、誰かが主役ではなく皆が主役なのです。だから応援に来る人も主役になれるし、舞台に立つことができます。もちろん、ランナーも舞台に立っています。ただ、ランナーのためだけのマラソンではなく、大阪市民、大阪府民が関われるお祭りにしていきたいと思いますので、すべての方に何らかの形で関わってもらって、満足してもらえるような企画を考えています。

西山哲郎：どうもありがとうございました。それでは次のご質問ですけれど、今度はいすみマラソンについて。「いすみ健康マラソンにどうして『健康』と

第 5 章 「スポーツ文化から 2020 を考える」（増田・杉本・西山・尾久・亀井・吉田）

付けられたのでしょうか？」というご質問でした。いかがでしょう。

増田明美：健康が一番です。本当に人生健康が一番です。競技志向が高まって欲しくなかったのです。コースも公認記録ではないのです。癒しの郷で、日頃忙しい皆さんが田園風景なんか見ながら走って、本当に健やかにヘルシーになってもらいたいという思いもあって付けました。「健康長寿」を目指してほしい。香織ちゃん、そういう大会になっているかしら？

吉田香織：なっていると思いますし、マラソン大会の楽しみ方、スポーツの楽しみ方は競技をすることもそうですし、観ることも支えることもできて、それぞれの楽しみ方があります。1億総ランナー、走れない車椅子の方とか身体の悪い方も何かしらで応援したり、スポーツとは関わることができると思うので、そういう目標を掲げて私はいろいろな方とお話しをしているのです。「いすみ健康マラソン」も本当におじいちゃん、おばあちゃん。沿道に少ないとは言うのですけれど、本当に村人は皆出てきてくれているのです。

増田明美：村人じゃない、町だよ。

吉田香織：町か、ごめんなさい。町民ですね。皆出てきてくれて、まだ声が出ないくらいですけれど「頑張れ、頑張れ」と言って、おじいちゃん、おばあちゃんが出てきてくれているのは本当に心が健康だと思いました。

増田明美：香織ちゃんの話を聞いて思い出したのですけれど、本当に少ない中でRUNNETの掲示板は泣けます。書いてくれる人の中で、ハーフに出た人が途中で足がつってしまったと。走れなくなって救護車が来るのを待っていた。そうしたらそこの家の前のおばあちゃんが「どうした、どうした」と出てきて、「足が痛いんだ」と。「ちょっとあんた、ここで休んでいきなさい」と言って、

151

家に帰ってお盆に湯飲み茶わんと急須を持ってきて。紙コップじゃないのです。ペットボトルでもないのです。お盆に急須と湯飲み茶わんを持ってきて、お茶を出してもらって。「椅子も必要だね」と言って、日向ぼっこしながら、おばあちゃんと椅子でお茶を飲みながら救護車を待っていたと。これはやはり何か健康じゃないですか。だから「いすみはこれでいいのかな」とちょっと思っています。

杉本厚夫：今の話は僕に言わせると「都市の健康」ですね。「困った人がいたら助けてくれる人がいる」という、これが本当の健康というか、人間関係の健康ということだと思います。一方で、僕の持論は「スポーツは健康に悪い」です。スポーツとは何かというと身体に無理をすることです。1秒でも速く走ろうとしますから無理をしなくてはいけない。亀井さんの言葉で言えばそこにリスクマネジメントがあるのですけれど。でもどうしてもそのリスクマネジメントができなくて、無理して怪我をするとか、もちろんマラソンで亡くなった方もいらっしゃいます。そういったことも含めてマラソンというスポーツに記録を追求すると身体的な危険性があるのです。今、フィットネスクラブで一番心掛けていることは、例えばベンチプレスでは、「挙げる重量を減らして下さい」と薦めるらしいのです。どうしても成長型では「今日 50 kg 挙げたら明日は 55 kg だ」となってしまって、それで無理してしまって、健康のために始めたフィットネスが健康でなくなってしまうということになるのです。そういうことも含めて、やはり自分の適性を知るということが大切だと思います。しかし、そういう適性が分からないような教育を今までされてきたのです。僕は教育学も専門なのですが、学校体育がそうです。跳び箱の例でいうと 3 段を跳べたら今度は 4 段。4 段を跳べたら 5 段と、だんだん段を上げていく。こういう記録を追求する体育を受けてきたものですから、皆さんは無意識に記録を追求してしまうのです。

　もう一つ、関西大学大学院人間健康研究科では、健康は「健」という字の次

第 5 章　「スポーツ文化から 2020 を考える」（増田・杉本・西山・尾久・亀井・吉田）

に「幸」という字を書いて、「健幸」と言います。Well-being と英語では言いますけれど。ただ健やかだけではなく、それが本当に幸せにつながっているかというところまで含めないと、本当の健康とは言えない。いすみ健康マラソンの健康の「康」を「幸」という字に変えてもらったら面白いかと思います。よろしくお願いします。

西山哲郎：手前味噌の話で申し訳ありません。このお話を聞いて、今回イベントの副題に「スポーツ文化から 2020 年を見直そう」ということが書かれております。これは今日と同じようなテーマで 10 月に関西の方でイベントを行わせてもらった時に、当時は特に国立競技場の問題とか、あるいはエンブレムの問題とか、オリンピックがせっかく 2020 年に開催することになりましたけれど、「それで人が幸せになれるのか？やるのはいいけれど、3000 億円という莫大なお金を使って国立競技場を作って誰が喜ぶのですか？」。実はスポーツ関係者も誰も喜んでいないわけです。スポーツのためにお金を使うと言って、スポーツ関係者は「東京でやる以上はメダルいくつ獲れるのだ」というようなことを言われて、可哀想に鈴木大地スポーツ庁長官は「前回の東京オリンピックは 16 個だったから最低でも金メダル 16 個」と言わされていました。お話を聞いたらすごく辛そうにおっしゃっているというのが可哀想に見えてきました。そういった意味で、オリンピックをするのはいいけれど、やはり 64 年の高度経済成長時代の価値観だけでするのはどうなのだろうと思います。あの当時はまだ少子高齢化は始まっていません。まだ日本も右肩上がりで「イケイケドンドン」で良かったのですけれど、そうではない今の時代にスポーツが何を提案できるのかということは根本的に考えないと、このままだとただ建設業界が儲かって終わりということになりかねませんので、スポーツの楽しみ方を、もちろんその競技で記録を出してオリンピックでメダルを取る、それは素晴らしいことで我々もトップアスリートの活躍を楽しみにしているのですけれど、それ以外のところをどれだけ広げられるかということが大事だと思います。そう

153

いった意味ではオリンピック代表になられた増田さんがいすみで「記録はもういいのだ」とおっしゃっている。すごくインパクトのあるお話なので、ぜひいろいろなところで伝えていきたいと思います。

　もう一つはレガシーということで言うと、2012年にロンドンオリンピックが行われました。イギリスはスポーツの母国ですので、私もロンドンオリンピックが終わった翌年にロンドンへ行ってみましたら、すごく町が変わっていました。何が変わっていたかというと、街中を自転車がものすごい数走っているのです。ロンドンは2000年頃から都市の交通渋滞がひどすぎて、大阪や東京みたいに首都高速のようなものがありませんから、交通渋滞がひどくて車のナンバープレートを奇数と偶数のナンバーで別け、奇数しか入れない日をつくるとか、そういうことを検討していたそうなのです。ところがロンドンオリンピックでは、自転車競技でたくさんメダルが取れた。もちろんそれはたまたまではなくそれが勝てると思って強化したそうである。競技が盛んになっただけではなく、「もう自転車でいいじゃないか」と、ロンドンの町中を車で走っても交通渋滞が起こるだけで早く進めないということで、では皆自転車に乗りましょうというのを誰が命令したわけではなく、もうやっておられるのです。ですからロンドンのオリンピックのレガシーというのが目に見えるような形で生き生きと今展開されているのを見てきました。そういったことが日本でもできるかどうか、我々にとっても、一応スポーツ関係者の端くれですので、これから考えて4年後に向けていろいろとやっていかないといけません。「やったはよいけれど借金だけ残った」ということだけにはしたくないと思います。

　そういった意味で、同じオリンピックでも1964年の東京オリンピックの話はこの会場にいる皆さんはよくご存知かと思います。その当時はオリンピックの標語、モットーというものがあって、「より速く、より高く、より強く」というこの3つの言葉が当時はよく言われていたのでご記憶されているかと思います。そのオリンピックモットーというものは今も変わってはいないのですけれど、それ以外に新しい3つの標語というのが今国際オリンピック委員会から、

154

第5章 「スポーツ文化から2020を考える」（増田・杉本・西山・尾久・亀井・吉田）

もう20年ほど前から「より速く、より高く、より強くだけではダメだ」ということが言われています。新しい3つの標語というのがあまり宣伝されていないのです。日本で行うのにこれを宣伝しないでどうするのだと思います。

新しい3つの標語というのが、カタカナになってしまいますけど、1つ目が「エクセレンス」というのです。「エクセレンス」は「優れている・卓越している」ということですけれど、これは昔でいう「より早く、より高く、より強く」という言葉を1語にまとめたものです。

2つ目が「フレンドシップ」です。1964年の大会にも「フレンドシップ」はありました。当時はまだ海外からお客様が来られるというのが珍しかった時代ですから、いろいろな国からアマチュア選手が日本に来て、東京に来て、そこで触れ合いがあった。最近のオリンピックの世界は、トップアスリートの世界があまりにも競技中心になりすぎてフレンドシップが見えなくなっているので、今オリンピック委員会の方でその「フレンドシップ」を実現しなくてはいけないということで標語にされているようでした。

それともう一つは「リスペクト」という言葉です。選手同士、あるいは選手と審判同士、もちろん観客の方、オリンピックの大会を開催するときにいろいろな人に、先ほどコメントにも書かれていましたけれど、「大会を開催していただくボランティアの方や運営の方に対する感謝の気持ちというものを忘れてはダメです」という話があって、尾久さんからも「情けは人のためならず」というのは遺伝子的にも証明されているのだというお話がありました。そういったことを確認できる機会としてオリンピックを再生させていかなければいけないという話です。さすがにIOCの方もしっかり考えてそういうお話をされています。それが日本で開催が決まった以降も聞こえてこないのは非常に問題だと思っています。せっかくですからこの機会にぜひお伝えしたいと思って話をさせていただきました。何かこれに関して、オリンピアンの増田さんから。

増田明美：いいですね、今の「エクセレンス」「フレンドシップ」「リスペク

155

ト」。これが文化ですよね。先ほど西山さんがロンドンの自転車のお話をして
くれましたけれど、私もロンドンオリンピックに行っていて、あれは分かりま
す。オリンピック期間中に施設を見たら、もうその後の市民のことを考えて
作っていましたから。ベロドロームという競技をしている会場は、周りはサイ
クリングロードみたいになっていました。子どもから大人までが終わった後に
楽しめるようになっていたから、多分今ロンドンは自転車のまちみたいな感じ
になって文化として、またこれがレガシーとしてなったのだと思うのです。そ
ういう意味では文化として捉えるのであれば、新国立競技場の問題の時にもメ
ダルの数を言われたり、国立競技場でいろいろありましたけれど、私は組織委
員会に入っていないのです。森元総理には全く呼ばれないのです。森元総理に
嫌われているみたいで。メダルを取っていないからしょうがないのですけれど。
あの時も新国立競技場のことをいろいろ話しされている人の中で市民目線が無
いのかとずっと思っていました。私だったら新国立競技場のデザインはもちろ
んなのですけれど、その周りにウッドチップの道などを敷き詰めて、競技場か
ら神宮の森に行けるようにすると、終わった後に健康のために皆さんが歩ける
だろうとか。もっと思ったのは、昔の国立競技場に行っても、運動した後に
シャワーしかないのです。汗をかいた後に、日本は銭湯の文化があるのだから、
国立競技場の中に大きなお風呂で絵を観たら富士山の絵が描いてあるみたいな、
ああいうふうにすると皆が集う場所になるのではないでしょうか。私はロンド
ンにあったそういう感覚は大好きです。でも全然関係していないから、ここで
言うだけです。

西山哲郎：市民の動きでそういうことをどんどんやっていって、先ほどの大阪
マラソンは勝手にエイドを作っていると。本当はエイドは公式に認められなく
ては渡してはダメなのですけれど、大阪のおばちゃんですから飴を渡す人が必
ずいるのです。本当はいけないということになっているのですけれど。その辺
に関して杉本さん、何かありましたら。

156

第 5 章 「スポーツ文化から 2020 を考える」(増田・杉本・西山・尾久・亀井・吉田)

杉本厚夫：今おっしゃっていただいた「エクセレンス」、「フレンドシップ」、「リスペクト」というのは本当に知られていないというのでびっくりしています。2020 東京オリンピックが決まった時に、テレ朝の宮嶋泰子さんと元 NHK で今は法政大学の山本浩さんのお二人だけはこの理念を表明して騒ぐのを戒めていました。ところが「オリンピック誘致できた」、「勝った、勝った」と言って、負けた方の都市に対して「ありがとうございました」というリスペクトが一切なかったことが、僕はすごく恥ずかしかったです。これが競技の中でもないですね。残念ながら、マラソンだって 1 位になった人が 2 位の人に握手して、相手を「リスペクト」することは日本の選手にはあまり見られません。

　もう一つはスポーツの世界でリスペクトしていても、普段の生活になったら全然リスペクトしていないというのであれば、これはスポーツの意味が全然ないですね。教育学では「転化」というのですけれど、スポーツで学んだことを実際の日常生活で体現することができるかが重要なのです。そのことが大阪マラソンで見られました。大阪マラソンでは観客の人が知らない人に声を掛けます。さっきみたいに辛辣な声を掛けます。「代わってやろうか」とか「足が痛い？そんなん気のせいや」という声をかけているおばちゃんの中に「あっ」と思った人がいるのです。「あれ？こんなに普段知らない人に声をかけていないわ」。「これはおかしい」と思って、それからマラソン大会が終わって自分の日常生活に戻ったとき、地域の知らない人に気軽に声を掛けられるようになって、自分の生活が一変したとおっしゃっていました。地域の中で孤立していたと思っていたけれど、意外と声を掛けたら返事をして下さる。つながりができてきて、地域の中ですごく楽しくしていますということを我々のインタビュー調査で聞いたのです。スポーツの世界に留まらない、我々の生活を変えていく、これがスポーツが文化として存在する大きな意義だと思います。

西山哲郎：ありがとうございます。街中でお互い声をかけにくいというのは、例えば子どもが夜遅くまで、去年大阪で事件があったのですけれど、夜中まで

子どもが商店街をブラブラしていて連れ去られたのです。大人が通って当然すれ違っているのだけれど、ほとんど声をかけていない。1人だけ、言い方は悪いですけれど、フリーターみたいな方がいて、その方しか声を掛けなかった。何故声を掛けないかというと、下手に大人が、特に中年男性くらいが子どもに声をかけると、それだけで通報されそうな心配があって、「この子どうしているのだろう」と気になっても掛けにくいのです。自分が訴えられるから怖いということがあって、声を掛けられない状況がある。それが町中の孤立とかを生んでいます。考えてみますと。ランニングウェアを着ている同士だったら、それは声を掛けやすいのではないでしょうか。先ほど杉本さんの発表の中で、街中でストリートスポーツ的な発想が大阪マラソンはいいのだという話がありましたけれど、大会の時だけではなく日常の中でも走っていてすれ違った時に、外国の話をあまり引き合いに出すのは何かと思いますけれど、ニューヨークとかでマラソンをしている人がすれ違ったら「ハーイ」と笑顔であいさつをします。その辺は多分増田さんや吉田さんはよくご存知かと思いますけれど、それは日本でもできると思うのです。スポーツウエアを着ている同士であれば。ただ現状は残念ながら記録にこだわりすぎてしまうと、皇居の周りもこの辺を走っている方がいっぱいいらっしゃいますけれど、歩いていると「こんなところを歩くな」と怒る人がいるという。「いやいや、ここはランニングコースではありません」という話ですが。そんな問題が出てきているのが気にかかるところだと思います。その辺、増田さんか吉田さん。

吉田香織：本当にスポーツは医療とかいろいろな観点から良さが分かったのですけれど、東京で言うと皇居なども正直ランナーとしてはマナーを守っている人の方が多いです。それでもやはり肩身狭く走らなくてはいけない状況なのです。公園なども北の丸公園で走っていたら、「近隣住民の迷惑になるのでやめてください」と言われたり。「近隣住民、いますか？」というくらいなのですけれど。これだけオリンピックを招致できて、市民がスポーツをしにくい国は

第5章 「スポーツ文化から2020を考える」（増田・杉本・西山・尾久・亀井・吉田）

ないのではないかと私は思うのです。1回ショックだったのが2009年の東京マラソンで糞の中で、私もラスト300メートルくらいを残して低体温症で倒れてしまって、招待選手の女子が1人3時間でゴールできただけで、皆棄権してしまった年があるのです。その時閉会式で陸連の当時トップだった方が「私たちはトップ選手の記録に関しては興味がある」と、「だけれど正直市民ランナーはどちらでもいいのです」みたいなことを言ったのです。その時市民ランナーの方も多くの方が棄権してしまったので、その辺をどう考えているのかと思い興味深く聞いていたら、そういう回答があったのです。とても怒りを覚えたというか、ちょっとショックを受けました。陸連の陸連登録料というものは相当市民ランナーの方からもお金を集められていると思うのですけれど、意外とトップ競技者には興味があるけれど市民ランナー層に向けての還元が少ないというところが非常に気にかかっています。自転車協会などは皇居の前のパレスサイドホテルでしたか、あそこの前を封鎖して、日曜日の午後は自転車専有道路にして、自転車を楽しめるようにレンタルサイクルをしたりしているのです。陸連ももう少し市民ランナー向けに皇居を「歩道だけではなく車道も使って走って下さい。土曜日はどうぞ。」というような、そんな動きもできると思いますし、トレイルランナーなどもいろいろと問題が起こっていて、競技として楽しむものではないという意見ももちろんわかるのですけれど、そこの共存です。もちろん誰のものでもない道路、山、そういったところも権威ある教授の皆さんがいろいろと提唱していただいて、スポーツのしやすい国を作っていただいたらいいと思います。

西山哲郎：ありがとうございます。どうぞ。

杉本厚夫：市民スポーツがこれだけ豊かになってきているにもかかわらず、相変わらず市民スポーツよりも競技スポーツを優先する体質は変わりませんね。警察が交通を止めなくてはいけないから大阪マラソンもセントラルフィニッ

159

シュができないのです。大阪マラソンは、大阪城から走ってインテックスという埋立地のところまで行くのですけれど、何故そうするかというと、大阪城をスタートしたら 30 分くらいでランナーはいなくなるのです。そうしたらすぐに交通規制が解除できるからです。これが逆だったらなかなか市内の交通規制を解除できないわけですから。何故そのようなことになるかといったら、やはり市民スポーツに対する意識が低いからです。市民の何万人という方が走られているということは、そこに住民の税金なり、警察の公的な人材を投じるのが普通でしょう。一部のトップアスリートのために税金を使うというのはおかしいじゃないですか。それはなぜかというと、今までスポーツは国のためにあったからで、個人のためにはなかったのです。だから、国のためなら税金は使ってもいいけど、個人の楽しみでしているスポーツに税金を投じることは考えられないということです。しかし、今や競技スポーツはスポンサーによって賄われているので、税金は市民スポーツで個人に還元するのが当たり前です。僕はイギリスに住んでいたことがありますけれど、イギリスはその辺がはっきりしています。住民から貰った税金は住民のために使うということです。国のために使うことは考えられないです。そんなところが日本は未熟だと思います。

　もう一つ言いますと、今はもう成長の時代ではないのです。皆さんもご存知のように 2008 年から日本では人口減少が始まりました。人口が減少するというのはどういうことかというと、少ない人数でパイを分けるわけです。人口増加をしていた時代はパイを増やさなくてはいけないので成長しなくてはいけなかったのですが、人口が減ってくるとパイは増やさなくてもよくなり、成長しなくていいのです。つまり、成熟の時代を迎えたのです。日本の歴史からいって、過去に人口が減った時期あるのです。それは元禄時代です。元禄時代はどういうことが起きたかというと、歌舞伎が出てきたり、相撲が出てきたり、文化が花開いたのです。現代の文化は何かというと、僕はスポーツだと思うのです。この成熟の時代に我々が求めているのは、スポーツという文化を我々の生活の中にどう豊かなものとして根付かせるか。そのためには市民マラソンや市

160

第 5 章 「スポーツ文化から 2020 を考える」（増田・杉本・西山・尾久・亀井・吉田）

民スポーツが豊かになることが 2020 東京オリンピックを行う目的だと思うし、オリンピックのレガシーだと思います。先ほどロンドンの例がありました。ロンドンオリンピックは生活の中に自転車を取り込んだわけです。こういうレガシーをどう残していくかということを考えていかなくてはいけないと思っています。

西山哲郎：あまり言うと何ですが、東京のスポーツ関連の大学の先生は「余計なことをしゃべるな」と直接言われているという噂があるとかないとか聞きました。関西の方はほったらかされているので、好きなことを今言っております。この問題に関しては先ほど吉田さんのコメントにもありましたけれど、都市の空間は誰のものなのか。マラソン大会を開くと交通規制が問題になりますけれど、「産業活動の車が阻害されるでしょ？」ということですよね？でも土日は休みじゃないですか？コンビニの営業は土日でもしているかもしれませんけれど。私たち市民の都市空間が、市民が使えないというのはどうなのだろうということは提起すべき時代に来ているのではないかと思います。

　それともう一つは、先ほど言いかけましたけれど、スポーツをする空間がものすごく制限されているというのはマラソンだけではなくて、はっきりわかるのは子どもたちの遊び場です。公園は確かにいっぱいあちこちにありますけれど、必ず書いてあるのは「ボール遊び禁止」ですよね？　サッカーとか野球とかはできないのです。昔、もう 40〜50 年前の話ですけれど、空き地があれば皆男の子は野球をしていました。女の子はゴム跳びとかをして遊んで自由に楽しく過ごせた。子どもたち同士で年齢を超えて上の子が下の子の面倒を見たり、いろいろな関係が豊かに育っていたと思うのです。でも、今、子どもがキャッチボールなどをし始めると、必ず通報されて、「小さい子どもがいるのになんて危険なことをするのですか」という苦情が出る。お互いに遠慮し合うのは確かに日本の民度が高いとか、美徳でもあるのですけれど、昔から本当にそうだったのでしょうか？「人に迷惑を掛けないように」という美徳は確かに昔か

161

らあったと思いますが、「お互い様」とか、「子どものことだから」という豊かさのゆとり、そういうものがどうもなくなって、それがスポーツから見ると、スポーツできる空間がほぼない。外国だったら「草サッカー」などを普通にしている、イギリスに先ほど行ったという話をしましたけれど、今でも街中に広場があれば必ず誰かが、ゴールもないので鞄などを置いてゴールを作って「草サッカー」をしておられます。日本であれば多分できませんよね？　そういうスポーツ環境というのは単にスポーツができる、できないではなく、人間関係の問題がそこに現れているような気がします。ボール遊びのリスクということが優先されて、そこで人間関係が育たないという状況を、スポーツの話をする中で言えることがあるのではないかと思っているのです。その辺がまたリスクがらみの話になってきたので、亀井さん、ご意見をいただければ。

亀井克之：私の専門ですが、リスクがあってそのマネジメントと言うと、やはり萎縮してしまう。もう一つ「リスクテイキング」という言葉があります。リスクを取らないと得られるものは得られないということです。健全なリスク文化ではなく、萎縮する方になってしまっているのがよくない感じがします。特にボール遊びの件は本当に私も子どもが小さい時に公園でそういうことがあったので、自分の子ども時代と比較してどうなのかといつも思っていました。つまりそれはボールがどこかに跳ねていって、物を潰したり、あるいは人に当たった時の補償問題という悪い方のリスクマネジメントになっている感じです。ボールを投げ合って、何かトラブルがあるかもしれないけれど、そこで人間関係を学んでいく。そしていろいろなことを得るという感覚が無くなってしまっている、悪い循環になっています。

西山哲郎：昔は野球をしていてボールがどこかに転がって、雷親父の家に転がり込むと、「誰が行く？」「何て言う？」と一生懸命子ども同士で考えて、ボールをどうしたら返してもらえるか検討していた。そういうものも社交性のよい

第5章　「スポーツ文化から 2020 を考える」（増田・杉本・西山・尾久・亀井・吉田）

勉強でした。

杉本厚夫：僕は遊びの研究もしています。『「かくれんぼ」ができない子どもたち』という本を書いたのですけれど、今はかくれんぼができない子どもたちが増えています。例えば、かくれんぼでは仲間が鬼に捕まったら、捕まった子を助けに行きますよね。でもそれをしないのです。何故かというと、そうしたら自分が見つかるからなのです。そんなリスクをかけてまで助けに行かない。ずっと隠れているのです。こういうのは一つの例なのですけれど、亀井さんがおっしゃったように、リスクをかけてまで何かをするということが遊びの中からなくなってきてしまっているということです。

　教育学では最近よく使われている言葉に「レジリエンス」という言葉があります。これは「回復力」とか「復活力」というふうに訳されています。何か事があった時に、あるいはリスクに直面した時に、それを乗り越える力のことで、スパイラル的に強くなっていくことを「レジリエンス」と呼んでいるのですけれど、遊びは常にリスクの状況に直面し、それを乗り越えることでレジリエンスを培っていくものなのです。このリスクを背負うということは多分マラソンでも多くあると思うのです。児童心理という雑誌に「遊びで育つレジリエンス」という雑文を書いたのですが、理不尽なことに出会った時などにもそれを乗り越える力が付いてきます。その辺のところの心理学や精神医学的な見解を尾久先生に聞きたいと思います。

尾久裕紀：何か困難やストレスがあった時に、普通は潰れてしまったり、病気になってしまうことが多いのですけれど、逆にそれをきっかけに成長する人がいるのです。それを「レジリエンス」がある人と言うのです。そういう人は共通点があると言われています。例えば何か困難があっても、「それは何か意味があるのだろう」と、自分で理解したり、あるいは「この困難を乗り越えると必ず自分は成長するのだ」と思い続ける。言い方を変えると自分なりにポジ

163

ティブな解釈をするというのでしょうか、そういう人は「レジリエンス」が強いと言われています。もう一つはアメリカなどでは今「レジリエンス」という概念はもっと一般的で、「レジリエンス・トレーニング」というものもあります。2週間くらいそのトレーニングを受けるとレジリエンスが高くなるのです。軍隊や、企業などでは皆そのようなトレーニングを受けているのです。それで変化についていけるような人材を育てようとしています。ただもう一方で、私はレジリエンスはとても大事だと思うのですが、レジリエンスどころではなく、最小限のストレスにもとても抵抗できないような人も多くいらっしゃることは忘れてはならなく、そういう方には配慮しなくてはならないとか思います。

亀井克之：「レジリエンス」という言葉は東日本大震災の後、危機管理や防災の方で使うようになりました。困難に打ち勝つ、困難があってもそれを乗り越えるということなのですが、今回のイベントに増田さんのご紹介で吉田香織さんが来て下さるということになって、いろいろとインターネットで読ませてもらったのですが、吉田香織さんが去年のさいたま国際マラソンで入賞されるまでの奇跡の復活というインターネットのページを読ませてもらって本当に感動したのです。今日はそこに登場される打越コーチも来られているのですが、その中で「レジリエンス」という言葉がぴったりだと思うのです。やはり増田さんもかつてロサンゼルスオリンピックの後、その時を振り替えれば今こうやってマラソンの解説の第一人者で本当に素晴らしい活躍をされている姿というのは想像できたのかという感じです。本当にお二人とも「レジリエンス」「克服」という言葉がぴったりなのです。

増田明美：今回全然打ち合わせをしていないのに、とてもよい流れですね。こういうふうにここに来るわけですね。尾久先生が言われたように、オリンピックでダメだったすぐ後にはそんなふうに思えなかったのです。「困難にあってもそれは意味がある」とか、「これを乗り越えれば強くなる」というような人

164

第5章　「スポーツ文化から2020を考える」（増田・杉本・西山・尾久・亀井・吉田）

間ではなかったのです。どちらかといえばすごくネガティブでした。3か月間閉じこもりました。時代が時代だから、途中棄権して成田空港についたら「おい、非国民」と指差されました。あの時にレジリエンス・トレーニングというものがあればよかったと思います。ただ、私はそれから何年も歳を重ねていって、結構抵抗力がついたと思ったのは、その4年後に復活したいと思いました。途中棄権で終わっていたら人生も途中棄権じゃないですか。だからビリでもよいからゴールまで行こうと思って、大阪国際女子マラソンが人生の節目、節目にあったので、勇気を振り絞って出場したのです。第3集団を気持ちよく走っていたら、沿道から「増田、お前の時代は終わったんや」、すごいヤジが飛んできました。その時にも歩いてしまったのですけれど、その時には4年前のオリンピックと比べると、「ちょっとこれ、試されているな」、「これを乗り越えないと本当の新しいスタートができないのだぞ、お前」という声がして。後ろから来た市民ランナーの方にも「一緒に走ろう」と励まされました。あの時です。泣きながら長居競技場にゴールできたのです。私にとっての困難に打ち勝つために、「試されているのだ」という試練をくれて、試してくれたのは大阪国際女子マラソンです。それから今に至っています。それから強くなりました。

吉田香織：私の場合、競技歴としては実業団で7年間ほどです。その間に移籍などもあったのですけれど、それほど困難はなくとは言い切らないですが、順調に実業団時代を過ごしてきました。先輩と監督とチームを飛び出して、クラブチームを起ち上げてしていたのですけれど、それがなかなか経営的に上手くいかないなどいろいろありまして、そこも終わったりしています。それでもやはり走りたい気持ちが自分の中では強いので、何とか自分の思うような走りをしたいとか、それよりも何よりも**「走ることが好き」**というのが根底にあり、本当に走ることを続けたいという思いでいろいろな環境を求めてやっていく中、2年間ドーピングで走れない時期があったのです。今私と一緒にトレーニングして、打越コーチに見てもらっているサイラス・ジュイもこの間、風邪薬を間

165

違えて飲んでしまって引っかかってしまいました。故意でしたパターンと故意でないパターン、それが混在しています。そこに関しては「僕はわざとやりました」という人は多分いないと思うのですけれど、そこを分けるのは難しいと思うのです。自分の場合は本当に分からずにお医者さんが薬を摂らせてしまっていて、注射してしまっていてという形で2年間走れなかったのです。2年間というのは正直、本当に競技者としたらほぼ終わりに近いです、走れないという状況。最初は本当に受け入れるのに時間がかかりました。それこそ3ヶ月こもるというのも本当によく分かります。うつ状態です。私の場合はB型という血液型の良さもあって、海外逃亡したのです。うるさいところとか、人に会うのも「説明するのが面倒くさいな」となってしまって。ちょうど旅行業の資格を取ってフィジーの方で語学研修とか、実際に旅行会社の仕事を見ながら勉強しなさいということで、フィジーの方に半年ほど行きました。その中でいろいろと日本にはない心の豊かさ、「仕事なんて何でしているの？」というような国なのです。「ケレケレの文化」というものがあって、「困っている人がいれば、皆で助け合おうよ」「親族で暮らせばこの芋があれば今日1日暮らせるでしょう？このお芋を美味しく食べてハッピーになろうよ」というような国で、それを肌で感じているうちに自分の悩みなんかどうでもいいことだと思って、「帰ろう」となりました。家族ともあまり接点を持たないようにしていたのですけれど、フィジーから帰って普通に生活をしようかと思って、そこから走ることができました。最初はジョギングでも息が上がってしまうような状況だったのですけれど、半年かけて、11月の「さいたま国際」で日本人トップという成績を収めることができました。自分としては「楽しく走れたらいいな」、「走ることが好きなので続けていられたらいいな」という思いでしていたのですけれど、結果的にいろいろなことを証明できてよかったというところなのです。それも本当に**市民ランナー**の皆さんのおかげなのです。実業団ではなかなか会えない方たちと会えました。私は代々木公園や皇居拠点で練習しているのですけれど、本当に市民ランナーの方が多くいるので、一緒に練習させていただいて

第5章 「スポーツ文化から2020を考える」（増田・杉本・西山・尾久・亀井・吉田）

います。今日も何人か、一緒に普段走っているメンバーがいるのですけれど、そういった方に「頑張って」と言われて、仲間ができたということが一番大きいです。人は、挫折を絶対味わう時があると思うのですけれど、挫折を味わった時に辞める理由を探してしまうのですけれど、そうでなく続ける理由を見つけられたらよいと思います。そこに仲間の力があったと、今となっては思っています。

増田明美：私は香織ちゃんが「さいたま国際」で日本人トップになった夜にスポーツのトーク番組に出たのです。香織ちゃんからのメッセージをもらいながら、番組で泣いてしまった。それこそ号泣。福士さんの時の号泣どころではない号泣をしたのです。どうしてかと言ったら、彼女は言わないけれど、ドーピングだった時にも当時いたコーチがいろいろミスをしてしまったのです。だけれど一言も言い訳しないのです。私がもし香織ちゃんの立場だったら、そういうふうに世の中から見られるのは嫌なのです。だけれど一言も言い訳しなくて、心配でお母さんの晴代さんのところにしょっちゅう電話していたら、香織ちゃんがフィジーに行って英語の資格を取っているとか、あとは大原簿記などもしていると。この気持ちの切り替えが強いなと思いました。ウジウジしていない。B型だったからでしょうか？普通はあり得ないです。2年間競技していなくて。これだけの時間の中であああいう復活はあり得ない。だから涙が出てしょうがなくて、埼玉を走っている時から泣いていました。でも、市民ランナーの皆さんのおかげなのね。今日も「やる」と言ったら、ほとんど香織ちゃんの仲間が聞きに来てくれました。本当に感動した。ありがとうございます。

西山哲郎：ありがとうございます。今の増田さんのコメントでも思うことなのですけれど、「レジリエンス」とは、よく日本語に翻訳するときに「折れない心」と訳す場合があるのです。NHKの番組ではそのようにタイトルをつけておられましたけれど。ちょっと違うと思うのは、人間は弱いから折れるのです。

167

折れるけれど、周りに支えられると復活できるのです。何か「レジリエンス」とはビジネス講座等に行くと「人間、心を鍛えなきゃ」というような話になりますが、そうするとますます1人で孤立していくのです。強い人というのは周りを寄せ付けないところがありますから。弱っている時に「弱っているよ」という顔ができないと、ますます追い込まれていく。それを周りが支える。多分吉田さんの強さというのは、周りが助けようと思う雰囲気をお持ちになっているところなのだろうと思います。先ほどのスポーツ全体の話に戻して考えてみても、「お互い迷惑をかけない」。実は杉本先生の本の中に『自分のことは自分でしない』という教育論があるのですけれど、日本の場合「人に迷惑を掛けないようにしましょう」「自分で何とかしましょう」と、そういう話ばかりが強く出てくると、先ほど言ったような公園のボール遊び禁止ですとか、特にランニングに関して言ってもいろいろ規制とか、先ほど通報されるという話がありましたけれど、そういう世の中にどんどんなっていくとますます生き辛いですよね？　1人で頑張って、強がって、どんどん孤立していく世の中にしないために、スポーツでできることが我々としてはあるのではないかと思って、先ほどから考えているところがあるのです。杉本先生、いかがですか？

杉本厚夫：例えば増田さんの前にペットボトルがあるでしょう。そのペットボトルを「飲みたい」と思った時に子どもたちはどうするかというと、立って取りに行くのです。僕だったら「増田さん、ちょっと取って」と言います。今の子どもたちは、人にものを頼んだり、頼まれたりという関係が無いのです。それは「自分のことは自分でしなさい」と育てられたからです。そうすると人との関係が作れなくなってしまいます。人にものを頼むということは、スポーツの世界は当たり前のようにしてきているのです。自分一人では何もできないですから。「自分は支えられているのだ」と実感できるのがスポーツです。仲間が助けてくれたという吉田さんの話にものすごく感動したのですけれど、大阪マラソンでも観客とランナー、ランナー同士、スタッフとランナーと支え合い

第 5 章 「スポーツ文化から 2020 を考える」（増田・杉本・西山・尾久・亀井・吉田）

の関係の中で成り立っているということを味わってもらうことがとても大事だと考えています。日常生活の中で自分のことは自分でできるようになっていますね。お醤油が無くなったらコンビニに行けばあるじゃないですか。わざわざお醤油を隣に借りに行くという発想は起きないですよね。そうすると隣の人との関係ができない。そういう人間関係が疎になってきた社会をもう一回考え直してほしいと思います。

　関西大学の客員教授である平尾誠二さんというラグビーのスーパースターが『理不尽に勝つ』という本を書いているのです。その中で彼は、「理不尽を理不尽と思わない人が一番強いのです」と書いています。まさしく今お二人の話を聞いていたら、いろいろなことを言われてもそれを乗り越えたレジリエンスを持っていて、なおかつそれを理不尽だと思わない人になっている。こういう姿勢がスポーツによって育ってくる大きな財産だと思います。楽しいというのは、「楽（らく）」という字と同じ字を書くので、楽（らく）なことが楽しいと思っている人が多いのですけれど、そうではなく、レジリエンスの中に楽しみを見つけ出していくということです。だって 42.195 km を走るというとても苦しいことを乗り切ったところに楽しみがあるわけですから。

西山哲郎：私はスポーツ社会学という分野の研究者なのですが、スポーツ研究と社会学研究というのは専門的には意外と距離があるものなのです。テレビの評論家やコメンテーターの中に「社会学者」と肩書きを付けて話をされている方を度々見かけられると思うのですけれど、社会学の悪いところは批判だけするけれどどうしたらいいか答えない。自分は答えを言わないで、無責任に人に「何とかしろ」みたいな感じで偉そうに言っている場合が多々あります。私は以前は他の大学の社会学部にいたのですが、関西大学にスポーツ系学部ができた時に移ってきました。移ってきてスポーツの世界がすごいと思うのは、人と人とが出会う機会が非常に多いのです。「教授」なんていう仕事をしていても、社会学者はよほど有名でないとテレビに出られません。講演してくださいとい

169

うお話もなかなか来ないのですけれど、スポーツ研究をしているといろいろな
ところからお呼びがかかって、幸いお話しさせていただける機会を頂けるよう
になりました。

　大学の先生だけではなく、今ここにいらっしゃる方はスポーツの現場に関
わっている方が結構いらっしゃると思うのですが、スポーツ絡みで何か頼まれ
ることは多いのではないでしょうか。逆に人に頼みに行くこともいっぱい出て
くるでしょう。先ほどまさに杉本さんがおっしゃっていたように、「人に迷惑
をかけない」ではなく、「自分のことは自分でできない」から皆にお願いした
り助け合ったりせざるを得ない状況がスポーツというのは生んでくれるところ
がとてもあると思います。結局レジリエンスは1人の心の中の問題ではなく、
関係性の問題だと思うのでそういったことを生かしていくことが大切だと思い
ます。せっかく2020年東京でオリンピックをされるのであれば、スポーツで
呼ばれた時には必ずそのことを言って、日本の社会は「お互いに迷惑をかけな
い」「民度が高い」というけれど、さみしい社会にしないようにスポーツを何
とか活用していただきたい。2020年以降「日本はよくなった」となりますよ
うに、ぜひ皆さんのお力も借りてやっていきたいと思います。と言いますとま
とめに入りかけていますけれど。

杉本厚夫：非常に簡単なことなのです。例えば皆さん、エレベーターに乗って
自分が9階に行きたいとします。誰かが乗っていても、自分で9階を押すで
しょう。僕はイギリスに暮らしたことがあるのですけれど、誰かが乗っていた
ら、「9階を押してください」と頼みます。そうしたらその人がニッコリ笑っ
て押してくれます。日本の場合はそれがあまりみられません。ほとんど自分の
ことは自分でするでしょう。そうすると町の中で人間関係がつくれないのです。
あるいはドアを開けて、後ろから人が来たらその人のために開けて待っている
というのは、イギリスでは当たり前のことなのですが、日本の場合は自分が
入ったらポンと閉めてしまう。何か人との関係がすごく疎になってきていると

いう感じがするので、これを機会に日常生活の中でちょっとしたことに思いをはせて、エレベーターに乗り合わせたら「何階ですか？」と聞けて知らない人との人間関係を作れ、我々の生活が変わるような 2020 東京オリンピックであってほしいと思います。

西山哲郎：そういうスポーツの力というのは単に競争して勝つ力だけではなく、絆を作るとか、繋がりを作るところに非常に豊かさがあるのではないかというところを、多分私なんかより増田さんや吉田さんの方がご経験があると思うので、そういうことを「いすみマラソン」の話でもいいですし、市民ランナーとして活躍されていることで何か思うことがあったらお聞かせいただけますでしょうか。

増田明美：私は今日、スポーツの可能性というものが分かりました。こういうふうにスポーツ社会学、心理学、文化、安全ということを専門になさっている先生方のお話を聞いていると、スポーツの広い魅力が分かります。今の杉本さんのお話を伺って、今日から始めます。今の考え方を東京オリンピック、パラリンピックに向けて文化としていくためには、やはり家庭からじゃないですか、家の中から。私よく夫に「あれやって」「これやって」と言うと「何で自分でやらないの？」と言われるのですけれど、これで良かったんだなと思いました。

吉田香織：陸上界だけで言うと 2020 年の後に実業団の廃部が相次ぐのではないかという懸念があるのです。東京オリンピックまではどうしても廃部にできない。そんないい時代に廃部にしたら企業イメージが悪い。むしろ今は新しいチームがどんどんできているけれど、廃部が今年なんかはないです。珍しい年なのです。多分 2020 年まではそんな感じに続くと思うのですけれど、2020 年になったら実業団もかなり衰退するであろうという懸念があるのですけれど、そういうことも含めて選手が競技するだけではない時代になっていると思うの

です。いろいろ声を上げて、野球の選手会じゃないですけれど、選手なりにできること、市民ランナーにいろいろ指導したりとかもできると思いますし。逆に市民ランナーから教えてもらえることもたくさんあるので、こういう交流のイベントを選手が主催してするということもできると思います。それこそ復興のために何かイベントをやりましょうということももちろんできると思いますし。選手ならではの発想をまとめて、現役選手でまだまだ自分より若い選手がたくさんいますけれど、そういった選手たちにもいろいろ提案していけたらいいと思いました。

西山哲郎：ありがとうございます。先ほど福島県の市民マラソンを後援されているというお話がありましたけれど、今回 2020 年の東京オリンピックを招致するときに、福島だけでなく東北の復興ということをキーワードにして誘致が成功したようなところもあるので、それは絶対忘れてはいけないと思います。

吉田香織：スポーツ選手は本当にエネルギーが有り余っている人間なので、その有り余ったエネルギーを震災でちょっと元気のない人たちに向けて何かできたらいいと思います。皆さん走られている方が多いので、ぜひ一緒に考えていきましょう。

西山哲郎：ぜひ川内村のマラソン大会に参加していただければ。

吉田香織：そうですね。でも定員いっぱいになってしまったので、すみません。民泊プランで応援もできますので、応援にもぜひ来てください。ありがとうございます。

西山哲郎：では尾久さんの方から何か一言お願いします。

第5章 「スポーツ文化から2020を考える」（増田・杉本・西山・尾久・亀井・吉田）

尾久裕紀：これからオリンピックに向けて盛り上がっていくと思います。スポーツ・健康と地域社会研究班の私の立場として一言申し上げます。社会には健康になりたくてもなれない人も大勢いらっしゃいます。あるいはスポーツが元々嫌いという人も結構いらっしゃいます。そういう人も含めて地域社会というものは成り立っていますので、そういう人も含めてどのような社会を作っていくのかということが非常に大事になっていくかと思います。私の方ではあえて「スポーツ」という言葉と「身体活動」という言葉を使っているのですけれど、例えば障害のある方だとスポーツはできないけれど体をさまざまなレベルで動かすことができ、これも非常に意義があることですので、そういうところも含めて皆で考えていけるといいかと思っております。

西山哲郎：ありがとうございます。最後にこの企画のリーダーの亀井さんにお話をいただいて締めとしたいと思います。よろしくお願いします。

亀井克之：今日は皆さんありがとうございました。私の専門は他の先生と違い経営学なのですけれど、昨今企業経営では「健康経営」ということが言われます。企業の資産といいますと、「人」「物」「金」ということなのですけれど、情報もありますけれど、昨今、従業員が健康であること、そして経営者自身が健康であること。そしてこの班のテーマの1つに掲げられている地域社会ということになりますと、地域社会に密接に結びついているのは中小企業なのです。大企業と違って中小企業はメンタルヘルスの対策とか健康対策というのは少し不充分なところもあります。地域社会と密接に結びついている中小企業においても「健康経営」とか、中小企業の経営者の方の健康やメンタルヘルスというのはわりと見落とされているのです。そういう研究を尾久先生と私、さらに今回この今日のセミナーを後援して下さっている「あんしん財団」と組んで今後やっていきたいとも考えています。

　関西大学は大阪ですけれどこの東京のセンターもございますので、ぜひまた

同じメンバーで東京センターで開催したいと思っています。

西山哲郎：今日は皆さん、お越しいただいてありがとうございました。またの機会がありましたらぜひお越しください。

あとがき

西 山 哲 郎

　本書の「あとがき」を書くにあたって、日本人にとって、マラソンとは何で
あるかを再考してみたい。日本がオリンピックに初めて参加した明治末期
（1912 年）に、まずマラソンで代表を派遣できたのは偶然ではない。西洋から
輸入された器械体操や投擲競技とは違い、飛脚の伝統があった長距離走は、も
ともと日本文化にあった実践であった。

　1912 年のストックホルム大会には、マラソンのほか、短距離走でも代表を
派遣している。その後、半世紀以内にメダルを獲得したマラソンと比べ、短距
離走でのメダル獲得がさらに半世紀ほど遅れたのにも理由がある。もちろん平
均身長が低く足が短い日本人の身体条件にも問題はあろうが、そもそも短距離
走は文化的にも日本に伝統がなかった。短い距離をなるべく速く走る競技とい
うのは、思いつく限り一番単純なスポーツではあるが、日本の風俗や文献資料
に短距離走を競う事例を見出すのは難しい。慌ただしい動作が「はしたない」
ものとして見下されていた日本から（そして同じ文化を共有する東アジア一般
でも）、短距離走で活躍できる人材を排出するにはより長い時間を必要とした。

　そうした日本で、マラソン人気が最初のブームを迎えたのは、おそらく前回
の東京オリンピック（1964 年）の頃であろう。長距離走が日本の伝統の一部
にあったとはいえ、江戸時代まで、あるいは明治期においても、それは飛脚や
車夫といった、あいにく尊敬を受けがたい職種の行為とみなされていた。しか
し、敗戦のもたらした既存秩序の解体と高度経済成長の熱気に後押しされた当
時の日本において、苦しみながらも外国人選手に必死に追いすがるマラソン選
手の姿は、理想の人間像のひとつと見えていた。

　それからさらに 10 年ほど立つと、“sports for all” の標語のもと、世界の先

進国で健康スポーツ・生涯スポーツの普及が進み、各主要都市で市民マラソン大会が開かれるようになる。意外かもしれないが、一般市民も出場可能なマラソン大会は、19世紀末に始まるボストンマラソンを例外とすれば、1960年代まで日本以外ではほとんど開催されていなかった。1946年に第一回が大阪で開催された、びわ湖毎日マラソンは、当時から競技者中心の大会ではあったが、陸上競技連盟に登録してさえいれば一般市民にも参加の道が開かれていた。そのためそれは、日本における市民マラソンの嚆矢とみなすことができる。そして、1947年には福岡国際マラソンが（ただし初回は熊本で）、1952年には別府大分毎日マラソンが始まり、日本のマラソン文化のインフラが整備されていった。

　とはいえ、より広い意味で市民マラソンと呼ぶにふさわしいイベントが日本で開催されるには、1967年を待つ必要があった。その年に始まった青梅マラソンは、フルマラソンではないものの、東京オリンピックで銅メダルを獲得した円谷幸吉選手と一緒に一般市民が走ることができるというコンセプトで始まったものである。それ以降、日本各地でたくさんの市民マラソンが開催されるようになった。今では毎年、フルマラソンで200大会程度、ハーフマラソンを含めると、2,000以上の大会が日本で開かれている。

　そんなマラソン大国である日本において、2007年に始まった東京マラソンは、市民マラソンに第二のブームをもたらすきっかけとなった。それ以前の市民マラソンは、交通規制の問題から都市中心部を避け、郊外もしくは自然豊かな地方で開催されていた。また、実務的な理由を挙げなくても、市民マラソンの魅力には、ごみごみした都会を離れ、綺麗な空気を味わう愉しみもあって、その意味からも都心での開催は考えにくかった。しかし、1970年代から続く公害規制の努力と、1999年に東京都知事となった石原慎太郎が、就任直後からディーゼル車の大気汚染を厳しく取り締まった影響から、21世紀に入ると、日本の大都市は市民スポーツの舞台としてふさわしいものと認められるようになった。

あとがき（西山）

　先ほど言及した、びわ湖毎日マラソンの歴史を考えると、関西地方は日本で市民マラソンの普及において「一日の長」があった。しかし、都心型の市民マラソンが関西で再び開催されるようになるには、東京マラソンの成功を見届ける必要があった。ただし、2011 年以降になると、大阪、京都、神戸で同時に都心型マラソン大会が開催されるようになり、地域の人口と比べて恵まれたマラソン環境を関西人は享受できている。

　こうして日本文化の新たな伝統となった市民マラソンは、個々人の健康維持に寄与するだけでなく、地方創生や災害復興を含めた様々な社会課題に市民として人々が関わる契機を拓いている。本書では、日本の女性マラソンの先覚者である増田明美さんを始め、現役のランナーやコーチと社会科学の研究者が交流することで様々な知見を提示することができた。2020 年に再び東京で開催されるオリンピックを前にして、あいにく不協和音ばかり聞こえてくる現状を乗り越え、市民マラソンからオルタナティヴな希望の道が開かれることを、本書をまとめた我々は期待している。

執筆者紹介

関西大学　経済・政治研究所　スポーツ・健康と地域社会研究班

亀 井 克 之	関西大学社会安全学部教授	経営学　リスクマネジメント論
杉 本 厚 夫	関西大学人間健康学部教授	スポーツ教育学　スポーツ社会学
西 山 哲 郎	関西大学人間健康学部教授	スポーツ社会学　身体文化論
増 田 明 美	大阪芸術大学芸術計画学科教授	スポーツジャーナリスト
尾 久 裕 紀	大妻女子大学人間関係学部教授	精神医学　力動的精神療法

協力

吉 田 香 織	一般社団法人アスリートサポート協会理事
打 越 忠 夫	一般社団法人アスリートサポート協会代表理事

関西大学経済・政治研究所研究双書　第163冊

市民マラソンがスポーツ文化を変えた

2017(平成29)年3月31日　発行

著　　　者	亀　井　克　之	
	杉　本　厚　夫	
	西　山　哲　郎	
	増　田　明　美	
	尾　久　裕　紀	
発　行　者	関西大学経済・政治研究所	
	〒564-8680 大阪府吹田市山手町3丁目3番35号	
発　行　所	関　西　大　学　出　版　部	
	〒564-8680 大阪府吹田市山手町3丁目3番35号	
印　刷　所	株式会社 図書印刷 同　朋　舎	
	〒600-8805 京都市下京区中堂寺鍵田町2	

© 2017 Katsuyuki KAMEI / Atsuo SUGIMOTO /
Tetsuo NISHIYAMA / Akemi MASUDA / Hiroki OGYU
Printed in Japan

ISBN978-4-87354-648-3 C3075　　　落丁・乱丁はお取替えいたします。

Economic & Political Studies Series No.163

Citizens' Marathon has changed Sports Culture

Contents

Introduction ·· i
Katsuyuki KAMEI

I   Case studies of regional development type Marathon ····················· 3
～"Isumi Healthy Marathon" in Chiba Prefecture～
Akemi MASUDA

II   Whether it is possible to activate the city by citizen marathon? ········ 17
— From the joint survey of Osaka marathon —
Atsuo SUGIMOTO

III   Risk Management in Marathon ··· 41
Katsuyuki KAMEI

IV Possibility of New Support for Athletes ·································· 65
Kaori YOSHIDA, Tadao UCHIKOSHI,
Katsuyuki KAMEI and Akemi MASUDA

V   Discussion on Sports Culture ··· 103
Akemi MASUDA, Atsuo SUGIMOTO,
Tetsuo NISHIYAMA, Hiroki OGYU,
Katsuyuki KAMEI and Kaori YOSHIDA

Conclusion ·· 175
Tetsuo NISHIYAMA

The Institute of Economic and Political Studies
KANSAI UNIVERSITY